RESEARCH ON
THE PROMOTING EFFECT OF
INFORMATIZATION ON
TRANSFORMATION
AND UPGRADING OF
CHINA'S INDUSTRIAL STRUCTURE

信息化对中国产业结构转型升级影响研究

左鹏飞 著

经济管理出版社
ECONOMY & MANAGEMENT PUBLISHING HOUSE

图书在版编目（CIP）数据

信息化对中国产业结构转型升级影响研究/左鹏飞著. —北京：经济管理出版社，2018.11

ISBN 978-7-5096-6147-5

Ⅰ. ①信… Ⅱ. ①左… Ⅲ. ①信息化—影响—产业结构升级—研究—中国 Ⅳ. ①F269.24

中国版本图书馆 CIP 数据核字（2018）第 252907 号

组稿编辑：张永美
责任编辑：杨国强 张瑞军
责任印制：黄章平
责任校对：董杉珊

出版发行：经济管理出版社
（北京市海淀区北蜂窝 8 号中雅大厦 A 座 11 层 100038）
网 址：www.E-mp.com.cn
电 话：（010）51915602
印 刷：三河市延风印装有限公司
经 销：新华书店
开 本：720mm×1000mm/16
印 张：14
字 数：174 千字
版 次：2018 年 12 月第 1 版 2018 年 12 月第 1 次印刷
书 号：ISBN 978-7-5096-6147-5
定 价：58.00 元

前言

信息化作为现代经济社会发展的动力，已经深刻地影响着我国经济社会的发展。当前，能否抓住信息化发展带来的历史性机遇，乘势加快推进我国产业结构转型升级，是事关我国走向世界经济强国的关键。

本书以信息化推动产业结构转型升级为主线，理论联系实际，以深入分析信息化对产业结构转型升级的作用机理为切入点，着力于对信息化与产业结构转型升级之间的动态相互关系和信息化对产业结构转型升级的推动作用进行实证分析。进而围绕如何加快信息化推动我国产业结构转型升级提出了相关对策建议。本书主要研究内容体现在五个方面。

第一，分析了信息化对产业结构转型升级的影响机理。本书从产业改造和产业融合两个方面分析信息化对产业转型升级的作用机理：其一，基于创新理论视角分析信息化以新技术、新模式和新市场实现传统产业的改造。信息化以新技术提升产业生产效率，以新模式激发产业内在活力，以新生态系统提升产业创新能力，实现传统产业有序健康发展。其二，基于产业融合理论视角分析信息化促进产业融合。信息化以新引擎提升产业融合效率、以新平台缩短产业融合周期、以新业态丰富产业发展内容，实现传统产业更高效的融合。信息化通过产业改造和产业融合促进产业结构向合理化、高度化、升级化和转型化方向发展。

第二，测度了我国信息化发展水平和产业结构转型升级程度。测度研究分为两个部分：其一，从信息化是一个持续渐进的动态过程这一内涵出发，在前人关于信息化测度研究的基础上，充分考虑国情因素，提出从不同侧面综合反映信息化水平的四大要素（基础设施、信息化应用水平、信息产业、信息化发展环境），筛选13项指标，构建了信息化测评的动态多指标评价体系。其二，从产业结构转型升级是一个“转型”和“升级”共同发生的演变过程这一内涵出发，充分考虑产业结构转型升级过程中产业结构发生的变化，从产业结构合理化、产业结构高度化、产业结构升级化和产业结构转型化4个维度构建产业结构转型升级的评价指标体系。

第三，构建了面板向量自回归模型（PVAR）研究信息化与产业结构转型升级之间的动态关系。国内现有关于信息化与产业结构转型升级之间关系的实证研究绝大多数是基于静态面板数据模型方法。本书另辟蹊径，利用2003~2014年我国30个省份信息化水平与产业结构转型升级程度数据①，构建面板向量自回归模型，并通过动态面板GMM估计、脉冲响应函数（IRF）以及预测误差的方差分解（FEVD），检验两者相互对对方冲击的情况。研究结果显示：①信息化对产业结构转型升级具有持续显著的动态促进作用；②信息化与产业结构转型升级的相互拉动作用是非对等的，即产业结构转型升级对信息化也有持续显著的动态促进作用，但信息化对产业结构转型升级的推动作用要强于产业结构转型升级对信息化的推动作用；③信息化对产业结构转型升级的推动存在时滞效应，信息化的推动作用需要5年时间才能达到峰值，随后作用强度开始持续衰减。

第四，引入空间计量模型研究信息化对产业结构转型升级的推动作用。目前国内有关信息化对产业结构升级影响的实证研究相对较少，且均忽略空间因素对于信息化和产业结构的影响。从我国的国情看，信息化发展和

① 其中西藏地区由于数据不全而未包括在样本范围内。

产业结构转型升级都会受到区域经济与社会发展的影响，因此本书应用Morans' I指数、Moran散点图、LISA集聚图、空间计量模型等方法考察信息化与产业结构转型升级的空间相依性，以及信息化对产业结构转型升级的空间溢出效应。同时，根据学者们关于产业结构转型升级影响因素的相关研究，本书将科研水平、金融化水平、城镇化水平、外贸水平等因素作为控制变量纳入空间计量模型。研究结果显示：①信息化和产业结构升级皆存在显著的空间依赖性，两者呈现出区域聚集特征；②信息化对本地区及相邻地区产业结构转型升级均具有显著的正向空间冲击效应；③科研水平、金融化水平、城镇化水平对区域产业结构升级具有显著正向效应，而外贸水平对产业结构转型升级没有显著影响。

第五，在对当前我国信息化推动产业结构转型升级的现状分析的基础上，充分借鉴发达国家信息化推动产业结构转型升级的相关经验，从强化基础设施建设、完善信息技术自主创新体系、产业创新生态体系、新型市场治理体系等方面提出相关对策建议。

目 录

第一章 绪论

第一节 问题的提出

一、研究背景

从18世纪60年代第一次工业革命人类迈入“蒸汽机时代”到19世纪60年代后期第二次工业革命进入“电气时代”，再从20世纪50年代开始至今的第三次工业革命将人类带入了“信息时代”，历次重大技术革命都是推动经济发展、产业转型升级的巨大动力。当前，由新一代信息技术和由数字基础互联网技术所驱动的第四次工业革命将引领人类进入“新信息时代”，生产力发展正面临着一次新的革命性变革。以云计算、大数据、人工智能、虚拟现实等新一代信息技术为代表的群体性技术突破是构建现代信息技术产业体系、引领经济信息化转型升级的发展原动力，先进的信息科技与我国传统产业的深度融合必将释放出发展新动能，推动我国经济持续健康发展。

改革开放以来，中国经济保持了30多年的高速增长，目前已经发展到结构调整和转型升级步伐不断加快、新旧动能加快接续转换的关键时期。

经济发展动力正从传统增长点转向新的增长点，经济发展方式正从速度型追求转向质量型追求，中国经济整体呈现缓中趋稳、稳中提质、稳中向好的运行态势。

推动产业结构转型升级已成为我国当前经济发展面临的最为迫切的任务之一。产业结构转型升级是产业价值链的深度拓展和跃迁升级过程，也是产业竞争力全面提升的关键之举。产业结构转型升级的重点，已经不仅仅是实现产业结构方面的优化调整，而是转向了产业结构整体素质的“转型”与“升级”。在发达国家经济转型升级实践中，常见做法是依托新兴技术改造传统产业和培育新兴产业优化产业结构。伴随新一代信息技术的兴起，信息技术已经成为当前最具活性和创新性的生产力，信息产业也成为对国民经济推动效果最为显著、对产业结构调整优化最为突出的产业部门。没有信息化就没有现代化，抓紧释放信息化所蕴含的经济空间拓展和优化动能，利用信息化的扩散、渗透、融合及创新，实现传统产业的信息化改造，已成为推动产业结构转型升级的必然选择。

二、研究意义

产业结构转型升级是下一个十年中国经济由大变强的关键路径，信息化可以为产业结构转型升级提供动力。在产业结构转型升级中实现有质量地增长，在合理适当的增长速度区间内实现产业结构转型升级是中国经济健康发展的必然要求。传统的产业结构升级研究更多是从供给、市场需求、体制等因素出发，关于信息化对产业结构转型升级的理论探讨较少。信息化在今天代表着最先进的生产力，因而系统性地研究信息化在我国产业结构转型升级过程中的地位和作用，探讨信息化推动产业结构转型升级的作用机理，具有重要理论意义。

在过去 30 多年，中国经济建设取得了巨大成就，但国民经济运行至今，也积累了深刻的矛盾。当前，中国经济发展正面临着实体经济供需失衡、金融与实体经济的资金分配失衡、房地产与实体经济的利润格局失衡，这样“三大结构性失衡”的复杂困局，多年积累的不利因素，尤其是盲目追求产业结构数量上的改变、容忍低效率的产业结构，造成产业结构的比例失衡、发展不协调与可持续性较弱等问题长期存在，这些问题不可避免地给我国经济发展带来了负面冲击。因而，基于当前所面临的经济发展现实，中国经济要想实现有质量的中高速增长，必须在产业结构转型升级上花大气力做文章。当前，新一代信息技术正驱动新一轮工业革命的发生，互联网的创新驱动作用日益凸显，信息化已经成为我国产业结构质上转型升级的关键动力。把握信息化这一关键动力，要充分发挥信息化对全要素生产率的改进和提升作用，努力塑造一批具有先发优势的引领型发展，加速推动产业价值链从中低端向中高端跃迁。因此，深入研究信息化和产业结构转型升级之间的关系具有深远的现实意义。

第二节 文献综述

一、产业转型升级的影响因素研究

（一）国外研究现状

产业结构转型升级需要在技术进步的基础之上，经过产业结构优化、经济效益提升、综合素质提高等多方面努力，最终实现产业链从低附加值向高附加值、发展方式由粗放型到集约型的转变（Henderson，2002）。综合现有国外研究看，国外学者认为，导致产业结构转型升级的因素主要有三类：技术因素、金融因素以及政策因素。

1. 技术因素

关于技术推动产业结构转型升级，通常有两种视角：

（1）从企业角度出发，认为一项新技术可以降低企业生产成本、提高生产效率，新技术在企业间的普及与推广带动整个产业进化。Arthur（1989）认为，技术创新可以提高企业经济效应，进而推动整个产业的技术变革。Humphrey 和 Schmitz（2002）认为，企业通过获取和掌握一些新技术，可以提升企业产品的科技含量和市场竞争力，有助于企业迈入产业链高端位置。Hu（2005）等在研究企业内部研发和技术转让的交互作用对制造业的影响时，发现两者的交互作用可以显著提高制造业的生产效率。

（2）从产业角度出发，认为技术直接促进产业升级。Antonelli（2006）认为，技术变革和产业发展存在相互作用，即技术变革影响产业发展动态，产业动态又会反过来影响技术变革的速度和方向。Ngai 和 Pissarides（2007）认为，随着行业内技术的进步，行业劳动生产率和行业规模都会得到显著提高，整个行业的地位得以提升，从而促进产业结构优化。Underthun Anders 等（2014）在研究区域产业结构优化和工艺革新时，发现信息和通信技术（ICT）产业可以促进产业转型升级。

2. 金融因素

国外关于金融与产业结构之间关系的理论研究和实证研究非常多。Goldsmith（1969）构建起金融发展理论的基本体系，研究发现金融发展能够直接促进经济发展、产业结构优化。Galbis（1977）认为，金融市场的资金配置方式可以促进社会资源从低效率部门流向高效率部门，加速产业结构转变频率。Rajan 和 Zingales（1996）从企业融资角度出发，发现金融发展对行业成长有明显的促进作用。实证研究方面，Fisman 和 Love（2003）通过实证研究发现，金融可以推动产业结构优化，金融业发展水平与产业结构升级联系紧密。Anizoulatos（2011）等利用 29 个国家 28 个部门的面板数据，通过协整分析方法研究金融结构和产业结构的关系，发现两者存在长期关联关系，金融发展推动产业技术进步，进而推动产业结构升级。

3. 政策因素

政策因素在产业结构转型升级中发挥着越来越重要的作用。日本学者关于产业政策对产业结构的影响研究相对较多。Johnson（1982）在研究日本通产省产业政策对日本重化工业发展的影响时，发现产业政策对提升日本重化工业的国际竞争力有显著效果。伊藤阳一（Lto，1992）发现，产业政策对提高产业部门的生产效率非常明显。Park 等（2009）认为，节能减排政策可以提高制造业部门的能源利用效率和经济发展水平。Criscuolo 等（2012）发现，政府财政补贴可以正向提高某类企业绩效，Aghio 等（2012）通过 1998~2007 年中国工业数据进行实证研究，发现竞争性产业政策可以提高产业生产效率。

（二）国内研究现状

国内学者们认为产业结构转型升级的影响因素主要有对外贸易、技术创新、金融支持和城镇化发展四个方面。

1. 对外贸易

蓝庆新和田海峰（2002）定义了对外贸易结构与产业结构变化的指标，实证研究发现两者之间存在显著的线性关系。王恺伦（2006）通过 1990~2003 年数据，实证发现中国对外贸易与产业结构存在显著相关性。马章良和顾国达（2011）利用 1980~2009 年数据分析我国对外贸易与产业结构间作用渠道之间的关系，研究发现，进口和出口贸易对三次产业均有影响。孙晓华和王昀（2013）分别通过半对数模型和结构效应研究对外贸易结构对我国产业结构的影响，半对数模型的实证结果显示工业制成品贸易推动我国第一产业比重降低、第二产业比重上升，而进出口的结构效应则表明对外贸易可以显著地促进产业结构转型升级，但存在一定的时滞效应。

2. 技术进步

薛继亮（2015）通过构建尼尔森—菲尔普斯模型，研究发现，技术进步和产业转型之间的相互推动作用。史学贵和施洁（2015）通过建立一个包含部门技术进步和对外贸易的三部门增长模型研究我国产业结构变化的驱动因素，结果发现，技术进步是产业结构变化的直接驱动力。林春艳和孔凡超（2016）通过动态空间 Durbin 模型，研究技术创新、模仿创新以及技术引进对产业结构转型升级的空间传导机制，研究发现，技术创新和技术引进对区域产业结构合理化具有显著的长期空间溢出效应，模仿创新能够对产业结构高级化具有显著的长期正向溢出效应。

3. 金融支持

王楠（2011）发现，金融发展对产业结构升级具有显著的正向推动作用，但推动存在时滞效应。周永涛和钱水土（2012）发现，金融发展和 FDI 在促进产业升级方面存在互补关系。王立国和赵婉妤（2015）利用 1992~2012 年数据建立 VAR 模型研究我国金融发展与产业结构升级之间的关系，结果显示，金融发展规模扩大对产业结构升级具有正向促进作用。

4. 城镇化发展

陈晨子和成长春（2012）以我国 1978~2011 年的经济数据为研究对象，通过构建 ECM 模型，实证发现产业结构与城镇化存在相互强化关系。蓝庆新和陈超凡（2013）通过构建空间计量模型分析新型城镇化对我国产业结构升级的影响，研究发现，新型城镇化对产业结构升级具有显著的空间冲击效应。赵永平和徐盈之（2016）利用 2000~2012 年的省级面板数据构建分位数回归模型，实证发现，新型城镇化在所有分位点上均对产业结构升级具有显著的正向促进作用。

本书第六章为了全面研究产业结构升级的影响因素，在构建信息化对产业转型升级影响的空间计量模型时，将国内学者归纳的四个方面作为控制变量纳入模型。

二、信息化对产业结构转型升级的影响研究

（一）国外研究现状

国外关于信息化推动产业结构转型升级的直接研究相对较少，多是关于信息化对经济增长、产业发展的影响。Correa（2006）研究了信息化发展对于国家和部门的影响，发现影响不仅表现在信息部门内部的生产能力，还表现在溢出效应对相关行业和部门的影响。Jukka 和 Matti（2007）利用芬兰 1995~2005 年数据进行实证研究，发现信息产业对产出和生产率增长具有显著的促进作用。Moon-Soo 和 Yongtne（2009）通过韩国 1980~1990 年数据进行实证分析，研究发现信息产业可以提高产业技术关联度和不同产业间的知识流动效率。Rifkin（2011）认为，信息技术和新能源技术的融合碰撞导致经济社会的剧烈变革，引发新一轮的工业革命，即信息技术是新工业革命的推动因素之一。

（二）国内研究现状

信息化对于产业结构转型升级的影响历来是学界的研究热点，也是社会的关注焦点。特别是在近年来我国信息化建设飞速发展，而产业结构转型升级遭遇瓶颈的情况之下，依托信息化推动产业结构转型升级的呼声不断从学界发出，信息化是撬动我国产业结构转型升级的有力杠杆正在逐步形成共识。关于信息化对产业结构升级影响的理论研究较多，而实证研究较少，基于对国内相关文献的分析，总结出信息化对于产业结构转型升级影响的四种观点：

一是信息化对产业的直接影响。靖继鹏等（2002）、杜传忠等（2003）从信息化本身特性出发，认为信息化过程本身蕴含着高新技术产业的快速成长机制、高效的产业资源配置效率、提高产业附加值等特点，信息化可

以直接改造、升级传统产业，进而使整个产业结构发生改善。周振华（2004）从关联结构模式和组织演化角度来看，信息化可以提升产业间的知识流动效率，改善产业之间的关联程度。孙宇（2008）认为，信息化加速了知识生产和扩散的速度，推动产业组织的结构正向演化。韩先锋等（2014）利用2005~2011年中国工业部门分行业面板数据，实证得出信息化对工业部门技术创新效率有显著的促进作用。

二是信息化对劳动力的影响。一方面，邵宇开和王浣尘（2006）、陈玉宇和吴玉立（2008）认为信息化可以有效提升劳动者素质，提高劳动生产率，影响职业结构和劳动力情况，从人力资本的角度带动产业结构升级；另一方面，尹海洁（2002）、刘美平（2002）、吴坤（2009）认为，信息化促进了劳动力的转移既从第二产业解放出大量劳动力进入第三产业，也从农村解放了大量劳动力进入城市，信息化在淘汰一批传统就业岗位的同时也在新的领域增加了社会就业量，从就业结构角度提升产业。

三是信息化与其他产业融合。周振华（2004）认为，信息化融入其他产业发展，为产业结构高度化注入新的内容，谢康（2009）从技术效率的角度提出，信息化与产业融合可以较好地实现成本最小化和收益递增。陈石和陈晓红（2013）在微观调研数据的基础上，通过面板门限回归法，实证发现两化融合提高了企业的经济效益和社会效益。

四是信息产业自身发展带动产业结构升级。郑英隆（2001）、马健（2003）、朱春红（2005）认为信息产业本身具有高增长、高效率、高增值等特点，这些特点与产业结构升级具有很强的关联性。同时，田海峰（2003）认为，信息产业所发挥的辐射作用，可以促进其他产业发展，推动产业结构升级。

在现有文献资料中，有关信息化对产业结构转型升级影响的研究大多是理论评述与分析，实证研究相对较少。目前，关于信息化与产业结构升级的实证研究，主要有：汪斌和余冬筠（2004）通过 1990～2002 年时间序列数据方法分析信息化对我国三次产业的不同影响，发现信息化对产业发展的带动作用显著，特别是对第二产业作用明显；张敏和马泽昊（2013）利用 1998～2002 年我国 31 个省份的面板数据分析信息化对三次产业的影响，研究结果显示，信息化对第一、第二产业具有显著作用，对于第三产业作用不明显；茶洪旺和赵昕（2015）利用 2002～2013 年面板数据模型检验信息化与产业结构变迁之间的关系，研究发现，信息化与产业结构合理化、高级化存在明显的正相关性；张文婷（2016）利用系统矩估计方法分析我国 2002～2014 年各省份的面板数据，发现信息化发展对产业结构升级、产业结构优化以及三次产业均有正向促进作用。

三、简要评述

综上所述，我国信息化与产业结构转型升级的理论研究目前已积累了丰富的研究成果，并取得了可喜的发展。学者们从多角度、多层面、多方法对于两者之间的关系进行研究，且从重视理论研究逐渐转移到注重实证研究。但是，也应该看到，目前关于两者关系的研究存在以下不足：

（1）现有文献对信息化及产业结构转型升级单方面的研究较多。虽有少数学者就信息化对产业结构转型升级的影响进行了分析，但大多停留在信息化对产业的影响方面，较片面，缺乏深入的机理分析。

（2）有关信息化对产业结构升级影响的研究大多是理论评述与分析，实证研究相对较少，仅有少数学者通过时间序列数据或静态面板数据研究信息化对三次产业的不同影响，多是分析两者之间的静态关系，目前还没有学者通过动态面板数据方法考察两者之间的动态关系。

（3）信息化发展和产业结构转型升级都会受到区域经济与社会发展的影响，而现有的关于两者的实证研究基本上都忽略了空间因素的影响，目前还没有学者通过空间计量模型分析信息化在产业结构转型升级中的地位和作用。

第三节　研究内容与研究方法

一、研究内容

第一章为绪论。绪论包括选题的依据、背景，研究现状，内容结构，研究方法，本书的创新点。这一部分将把本选题的主要观点和研究思路呈现出来，为了解本书全貌提供便利，尽可能做到“窥一斑而知全身”。

第二章为相关概念及理论基础。本部分首先对本书的研究对象信息化、两化融合、产业结构以及产业结构转型升级的概念界定进行了说明；其次从信息化相关理论、产业结构相关理论以及创新相关理论中为本书的研究寻找相应的理论基础。

第三章为信息化对产业结构转型升级的影响机理分析。本章通过上一章对信息化概念的探讨，对于信息化和产业结构转型的内涵有了清晰的认识。产业结构转型升级离不开产业的转型升级，本章从产业改造和产业融合两个方面来分析信息化对产业转型升级的作用机理：其一，基于创新理论视角分析信息化以新技术、新模式和新市场实现传统产业的改造。信息化以新技术提升产业生产效率，以新模式激发产业内在活力，以新生态系统提升产业创新能力，实现传统产业有序健康发展。其二，基于产业融合理论视角分析信息化对产业融合的促进。信息化以新引擎提升产业融合效率、以新平台缩短产业融合周期、以新业态丰富产业发展内容，实现传统产业更高效地融合。

第四章为中国信息化与产业结构发展的现状分析。本章主要从定性的角度对信息化推动产业结构转型升级的现状进行分析，对我国信息化发展阶段进行了详细介绍，总结了我国信息化发展的特点。同时，分析了我国目前信息化和产业结构发展存在的问题以及产业结构转型升级遭遇的瓶颈。

第五章为信息化与中国产业结构转型升级关系的实证分析。本章通过建立 PVAR 模型，进一步从实证角度分析信息化对产业结构转型升级的影响。要实证研究信息化对产业结构转型升级的影响，需要对信息化和产业结构转型升级进行科学客观的测度。本章分别构建了信息化测评的动态多指标评价体系和产业结构转型升级的评价指标体系，并通过面板向量自回归模型（PVAR）对我国信息化发展与产业结构转型升级的动态关系进行实证研究。研究发现：信息化对产业结构转型升级具有持续显著的动态促进作用；信息化与产业结构转型升级的相互拉动作用是非对等的；信息化对产业结构转型升级的推动存在时滞效应。

第六章为信息化推动中国产业结构转型升级的空间计量分析。目前国内有关信息化对产业结构转型升级影响的实证研究相对较少，同时国内在实证研究过程中均忽略空间因素对于信息化和产业结构的影响，而从已有的研究成果看，无论信息化还是产业结构的发展都会受到区域经济与社会发展的客观实际影响。因此，本章在研究信息化对产业结构升级的影响时，综合考虑空间因素，更符合客观事实。有鉴于此，本章基于 2003~2014 年 30 个省份的面板数据①，以信息化对产业结构转型升级的影响为研究对象，构建空间误差模型（SPEM）和空间滞后模型（SPLM）进行实证分析。

第七章为信息化推动产业结构转型升级的国际比较与启示。信息化是当今世界发展的大趋势，中国在发展信息化推动中国产业结构转型升级的进程中，需要参考世界发达国家的成功经验。本章研究美国、日本、韩国

① 其中西藏地区由于数据不全而未包括在样本范围内。

以及德国等发达国家在信息化推动产业结构转型升级的实践，寻找信息化推动产业结构转型升级的共性，据此得出对我国的启示。

第八章为加快信息化推动中国产业结构转型升级的对策建议。结合理论与实证分析，联系当下中国信息化与产业结构转型升级的发展现状，提出相关对策建议。

二、研究方法

本书的研究对象是信息化对我国产业结构转型升级的推动作用，这一主题的研究范围较广且较为复杂，因此，本书以信息化和产业结构理论为支撑，以前沿的计量模型为主要手段，通过静态分析和动态分析相结合、定性分析与定量分析相结合以及时序分析与空间分析相结合，对信息化与产业结构转型升级的相互关系进行深入探讨。具体说来主要采用了下列研究方法。

（一）静态分析和动态分析相结合

信息化与产业结构转型升级都是一个动态发展过程，只有依托动态分析方法才能充分把握两者的趋势性与规律性。但是，在动态条件下，我们通常难以对已发生的经济活动作出准确的综合性评价，需要通过淡化时间因素和具体过程的静态分析方法加以考察。因此，本书使用静态分析与动态分析相结合的方法对信息化推动产业结构转型升级的过程进行深入研究。在对信息化综合水平进行评价时，从信息化是一个持续渐进的动态过程这一内涵出发，提出从侧面综合反映信息化水平的四大要素（基础设施、信息化应用水平、信息产业、信息化发展环境），筛选 13 项指标，构建信息化测评的动态多指标评价体系，根据计算结果对不同省份多指标跨时期变化的面板数据做出横向的跨省份的静态评价，和纵向时间序列上的动态评价。同时，在实证分析部分，利用 2003~2014 年 12 年的数据，通过动态面板数据 GMM 估计方法分析信息化与产业结构转型升级之间的动态关系。

（二）定性分析和定量分析相结合

本书以信息化、产业结构和创新等相关理论为指导，在对现有研究文献进行归纳和总结的基础上，对信息化与产业结构的概念、范畴、特点进行了界定，归纳了我国信息化发展的特点，深入分析了信息化对产业结构转型升级的作用机理；然后运用定量分析方法，通过构建指标评价体系对信息化水平与产业结构转型升级程度进行测度。在测度结果的基础上，建立面板向量自回归模型（PVAR），并通过 Stata 14 计量软件对两者关系进行实证研究，将信息化与产业结构转型升级的相互关系定量展现出来。

（三）时序分析与空间分析相结合

传统计量经济学模型认为不同区域的变量之间相互独立，而空间计量经济学打破了主流经济学理论对于地理空间的均质性假设，认为各地区间的经济活动是相互影响的，即经济变量之间存在一定空间属性的特征，且距离越近关联性越强。因此，本书使用时序分析与空间分析相结合的方法，在研究中融入个体的空间位置信息，分别绘制了 2003~2014 年信息化和产业结构转型升级的发展趋势演变地图，并通过 Morans' I 指数、Moran 散点图、LISA 集聚图、空间计量模型等方法考察信息化与产业结构转型升级的空间依赖性，以及信息化对本地区及相邻地区产业结构转型升级的空间溢出效应进行了深入研究。

三、结构框架

全书按照提出问题、分析问题和解决问题的研究思路安排文章结构，全书框架如图 1-1 所示。

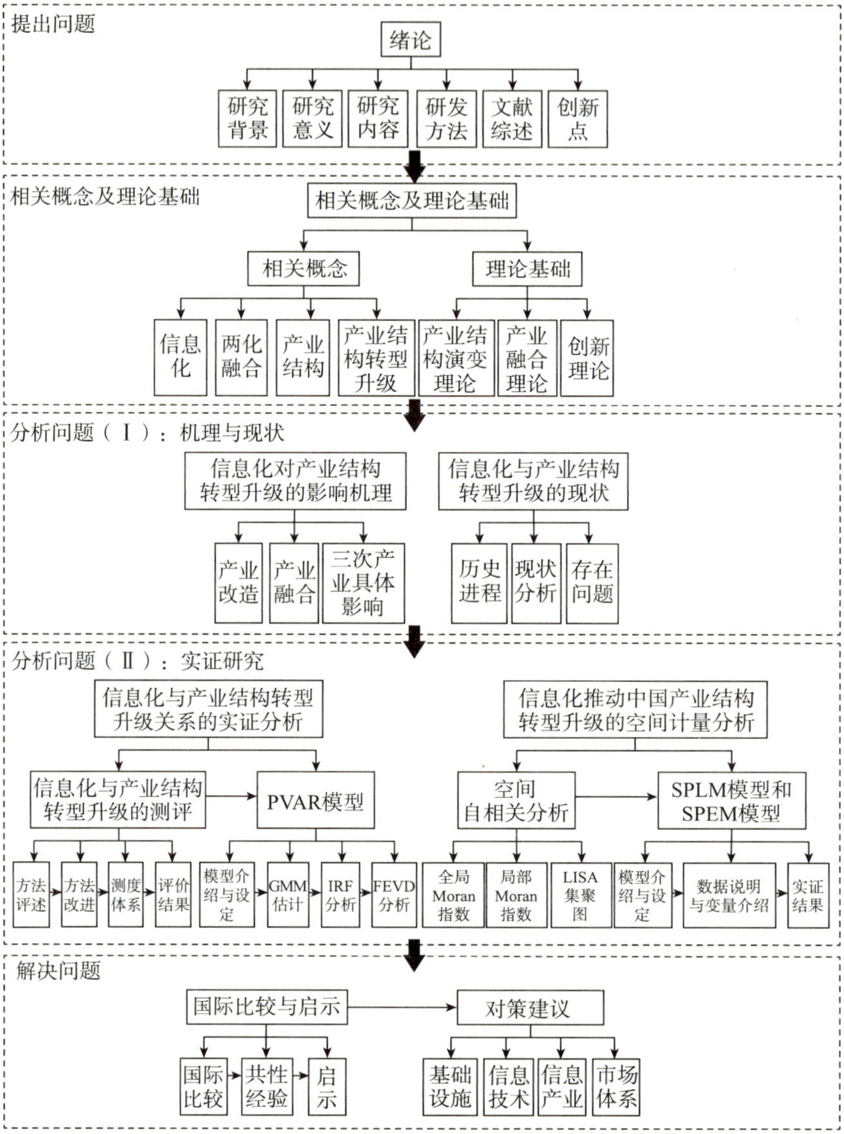

提出问题
绪论
研究背景
研究意义
研究内容
研发方法
文献综述
创新点
相关概念及理论基础
相关概念及理论基础
相关概念
理论基础
信息化
两化融合
产业结构
产业结构转型升级
产业结构演变理论
产业融合理论
创新理论
分析问题（Ⅰ）：机理与现状
信息化对产业结构转型升级的影响机理
信息化与产业结构转型升级的现状
产业改造
产业融合
三次产业具体影响
历史进程
现状分析
存在问题
分析问题（Ⅱ）：实证研究
信息化与产业结构转型升级关系的实证分析
信息化推动中国产业结构转型升级的空间计量分析
信息化与产业结构转型升级的测评
PVAR模型
空间自相关分析
SPLM模型和SPEM模型
方法评述
方法改进
测度体系
评价结果
模型介绍与设定
GMM估计
IRF分析
FEVD分析
全局Moran指数
局部Moran指数
LISA集聚图
模型介绍与设定
数据说明与变量介绍
实证结果
解决问题
国际比较与启示
对策建议
国际比较
共性经验
启示
基础设施
信息技术
信息产业
市场体系

图 1-1　全书结构框架

第四节 创新点

一、构建了信息化测评的动态多指标评价体系

本书认真梳理了国内外学者对信息化水平测度方法的研究文献，其共同点都是从静态视角来测度评价信息化水平，这对持续动态发展的信息化过程缺乏解释力。有鉴于此，本书基于信息化是一个持续渐进的动态过程这一基本内涵，在前人关于信息化测度研究的基础上，充分考虑国情因素，提出从侧面综合反映信息化水平的四大要素（基础设施、信息化应用水平、信息产业、信息化发展环境），筛选 13 项指标，构建了信息化测评的动态多指标评价体系。

二、构建了面板向量自回归模型研究信息化与产业结构转型升级之间的动态关系

国内现有关于信息化与产业结构转型升级之间关系的实证研究大多是基于静态面板数据模型方法。本书另辟蹊径，利用 2003~2014 年我国 30 个省、直辖市、自治区信息化水平与产业结构转型升级程度数据，构建面板数据向量自回归模型（PVAR），并通过动态面板 GMM 估计、脉冲响应函数（IRF）以及预测误差的方差分解（FEVD），研究两者之间的动态关系，检验两者相互冲击的情况。研究结果显示：

（1）信息化对产业结构转型升级具有长期而持续、正向而显著的动态促进作用。

（2）信息化与产业结构转型升级的相互拉动作用是非对等的，即产业

结构转型升级对信息化也有持续显著的动态促进作用，但信息化对产业结构转型升级的推动作用要强于产业结构转型升级对信息化的推动作用。

(3) 信息化对产业结构转型升级的推动存在时滞效应，信息化的推动作用需要 5 年时间才能达到峰值，随后作用强度开始持续衰减。

三、引入了空间计量模型研究信息化对产业结构转型升级的推动作用

目前国内有关信息化对产业结构升级影响的实证研究文献不仅较少，而且忽略了空间因素对于信息化和产业结构的影响。从现在我国的国情看，信息化发展和产业结构转型升级都会受到区域经济与社会发展的影响，因此本书应用 Morans' I 指数、Moran 散点图、LISA 集聚图、空间计量模型等方法考察信息化与产业结构转型升级的空间相依性，以及信息化对产业结构转型升级的空间溢出效应。同时，根据学者们关于产业结构转型升级影响因素的相关研究，本书将科研水平、金融化水平、城镇化水平、外贸水平等因素作为控制变量纳入空间计量模型。研究结果显示：

(1) 信息化和产业结构转型升级两个变量都存在显著的空间依赖性，两者呈现出区域聚集特征。

(2) 信息化对本地区及相邻地区的产业结构转型升级均具有显著的正向空间冲击效应。

(3) 科研水平、金融化水平、城镇化水平对区域产业结构升级具有显著正向效应，而外贸水平对产业结构的升级没有显著影响。

第二章 相关概念及理论基础

概念的定义是学术研究的逻辑起点，如果概念的内涵界定不明确，那么学术研究过程的逻辑推理就难以成立了。有鉴于此，本章通过相关重要概念的界定和理论基础阐述，为本选题的深入研究铺垫一个扎实的基础。

第一节 概念界定

一、信息化

（一）信息化概念的起源

信息化是一个动态的概念，不同历史时期和不同国家对其都有不同的认知和理解，图 2-1 反映的是信息化概念的发展脉络。目前，关于“信息化”比较认可的思想源头是美国社会学家丹尼尔·贝尔（Daniel Bell），1962 年在其长文《后工业化社会：推测 1985 年及以后的美国》中提到的“后工业化社会”，“后工业化社会”即信息社会的概念雏形。正式的“信息产业”概念由日本学者提出，日本社会学家梅倬忠夫（Tadao Umesao）1963 年在

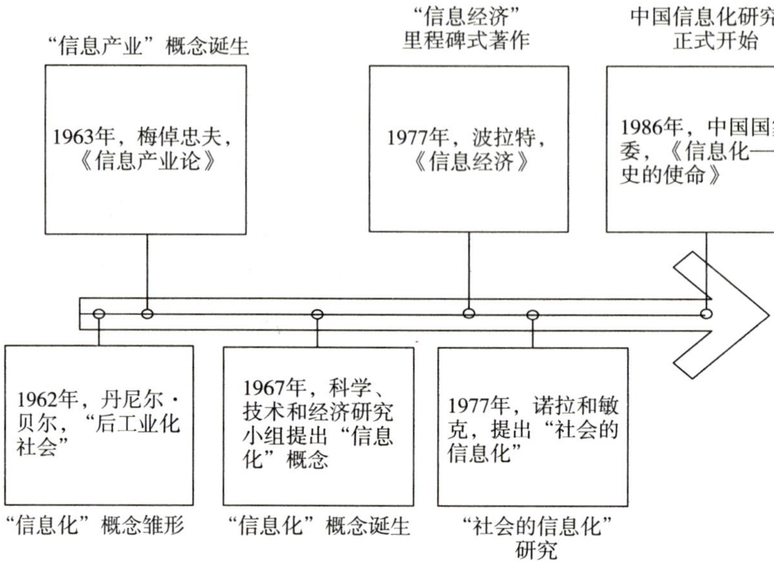

图 2-1 信息化概念发展脉络

《信息产业论》中提出"信息产业"，从信息产业的角度看日本社会经济结构的未来发展。1967 年，日本官方研究机构"科学、技术和经济研究小组"正式提出信息化的定义，"信息化是工业社会向信息社会转化的动态过程，它反映了从有形的、可触摸的物质产品起主导作用的社会向无形的、难以触及的信息产品起主导作用的社会的演进过程"。早期"信息化"概念的定义强调产品形态的变化和社会主导产业的变化。1977 年，美国经济学家马克·尤里·波拉特（Marc U. Porat）出版了信息经济研究里程碑式的著作 9 卷本《信息经济》，其中关于信息经济测度的"波拉特范式"（Porat Paradigm）对今天的信息经济测度研究依然具有重要意义。同年，法国财政部两位官员西蒙·诺拉（S. Nora）和阿兰·敏克（Alan Mine）向法国总统提交了政府报告《社会的信息化》，该报告首提法文"信息化"一词，并尝试回答信息化给法国的技术、经济、文化、政治等带来哪些变化，以及如何应对这些变化。1986 年，我国国家科委下属的中国科技发展研究中心在北京召开了“首届中国信息化问题”学术讨论会，在这次会议上形成的论文集《信息化——历史的使命》中正式提出了“信息化”这一词汇。

（二）国内外关于信息化概念的权威定义

概念界定是深入研究的基础，纵览国外国内对信息化的研究，学者根据自己的理解见仁见智从不同的角度给出了信息化的定义，并且不同视角间存在着交叉与重合。从现有对于信息化概念的研究看，从研究视角划分，主要可以分为社会视角、经济视角、技术视角、过程视角四类。由于对信息化进行概念定义的学者众多，本书仅选取每个视角下具有代表性的观点。

（1）社会视角，主要指社会主导产业由物质生产变为信息生产，强调社会生产内容的变化。丹尼尔（Daniel，1973）通过信息社会来定义信息化，强调信息的处理和利用，他认为信息社会是信息的收集、整理、传递和过滤使用等活动为主的后工业化社会；施蒂格勒（Stigler，1961）、托夫勒（Toffler，1980）、阿罗（Arrow，1984）、伊藤阳一（1994）等早期信息经济学的研究者，很早就预见了信息的重要作用，强调信息是人类社会不可或缺的资源、生产力，信息化是指工业社会向农业社会转化的过程中信息资源的作用得以全面发挥和释放。

（2）经济视角，主要指信息产业在国民经济中地位的提高，强调信息技术和信息产业对于经济发展的重要贡献。王亚平（2002）认为，信息化是信息技术在经济和社会各领域推广应用的过程。林毅夫（2003）对信息化的定义建立在ICT产业发展与ICT在社会经济各部门扩散的基础之上，运用ICT改造传统的经济结构和社会结构的过程。[①] 李泊溪（2005）认为，信息化是从工业化到信息化的经济形态转变过程，即从以物质、劳动密集投入为主的粗放型生产方式向以知识、信息密集投入为主的集约型生产方式

---

① 林毅夫，董先安．信息化、经济增长与社会转型［R］．国家信息化领导小组委托课题长篇研究报告，2003-05-08.

转变。

（3）技术视角，主要指信息技术手段在经济社会中的广泛应用和普及，强调信息技术的改造作用。李京文（1994）、钟义信（1995）认为现代信息技术手段（通信现代化和计算机化）、现代信息技术装备被普遍应用在经济社会活动中的过程就是信息化；汪向东（2002）认为信息化是指人们利用现代信息技术提高自身信息资源利用能力以推动社会经济发展的过程。

（4）过程视角，主要指信息化是一个动态过程，强调“化”这一转变。乌家培（1999）提出，无论是技术还是产业，抑或知识层面的信息化，最终都会反映在经济和社会的发展上，他认为“化”是一个过程，即从起点到终点的渐变过程。因此，信息化是从工业经济、工业社会向信息经济、信息社会的动态演进过程。郑建明等（2000）认为，信息化是指在国家信息化发展战略的指导下，通过信息技术的研发、信息产业的壮大以及信息人才的培养，以满足全社会不同领域、不同层次对信息资源和信息技术的需求，从而加速提升整个社会信息化发展水平的过程。叶初升（2001）从信息化的动态形成过程出发，将信息化定义为从工业社会向信息社会演进的动态过程，这一过程包括信息产业化、产业信息化、国民经济信息化和社会信息化等多个发展阶段。

（三）信息化的本质特点

纵览上述对信息化的概念界定，不难发现，国内外学者对信息化的定义虽然表述不尽相同，但都围绕信息化的 4 个本质特点展开表述：

（1）所有关于信息化的定义都是从其对经济和社会的重大影响展开的。尽管不同学者的研究视角存在差异，但均认同信息化最终会反映到经济和社会层面。信息化过程，信息技术和信息产业的快速发展，逐渐成为带动国民经济发展的关键技术和产业，对经济社会的影响与日俱增。

（2）所有关于信息化的定义都强调信息技术利用开发信息资源和发展

信息产业。信息技术的不断更新升级是信息化的重要特性。根据郭士纳（Louis V. Gerstner，2003）“十五年周期定律”，信息技术每 15 年就会发生一次重大突破①。从世界范围看，从 20 世纪 60 年代起，我们历经元器件时代、大型机时代、个人计算机时代、移动终端时代，在信息化浪潮席卷全球的背后信息技术更是呈现出越来越快的迭新节奏。

（3）所有关于信息化的定义都指出，信息化是一个动态的过程。信息化的动态性主要体现在经济转变和社会转变两个方面：经济转变即工业经济转向信息经济的动态阶段，社会转变即工业社会转向信息社会的动态阶段。

（4）信息化的融合特性都在定义中得到体现。在信息化推进过程中，信息化从纵向和横向两个方面渗透融合到经济和社会的各个领域。

综上所述，虽然有很多专家学者给予其定义，但至今仍没有形成一个公认的定义，信息化是一个技术性、时代性、功能性融合在一起的词，是一个跨学科的概念，在经济学、计算机科学、社会学等不同学科背景下去看信息化，其含义也大不相同。同时，从世界信息化发展实践看，信息化的过程是非线性的、跃迁性的上升过程。本书认为，信息化是一个动态的历史演进过程，是以信息技术为核心生产力，以信息资源的开发和利用为动力，信息产业在国民经济中的地位日益提升，并带动传统产业与信息技术的互动融合式发展，促进产业结构转型升级，提高信息资源在社会生产中的应用范围，提升信息技术在社会各个领域的应用水平，最终实现人的多样化需求得到极大满足的过程。

二、两化融合

“两化融合”即工业化与信息化的融合，是结合我国现阶段基本国情而

① Louis Gerstner. Who Says Elephants Can't Dance?［M］. New York：Harper Collins，2003.

提出的中国式新型工业化发展道路。从信息化和工业化的基本内涵出发，“两化融合”就是以工业为主导型经济的动态演进过程和以信息为主导型经济的演进过程的相互交叉、相互渗透、相互补充和相互促进，工业化为信息化提供基础载体和物理空间，信息化为工业化提供发展动力和创新空间。信息化利用信息技术扩散渗透到经济和社会生活的各个方面，改造传统产业的生产方式和生产流程，促进传统产业数字化、网络化、智能化发展，提高全要素生产率，全面提升我国经济的发展质量和效益。目前学界对“两化融合”的内涵有不同的界定，现对其中部分代表性定义进行综述。

周振华（2008）认为，“两化融合”不仅仅是一个技术性概念或者经济性概念，而是一个内涵丰富的综合性概念，其核心灵魂是全社会范围内的系统集成创新。童有好（2008）认为，“两化融合”是信息化的本质要求和工业化的生命力所在，包含四方面融合：发展战略融合、信息资源与工业生产资源融合、虚拟经济和实体经济融合、信息技术和设备与工业技术和设备融合。周子学（2009）认为，“两化融合”是经济社会发展的内生需求，包含两方面内容：一方面，信息化为工业化提供信息资源，使信息资源成为工业化的基本生产要素；另一方面，工业化为信息化提供基础支撑，推动信息化与实体经济深度融合。杨蕙馨等（2016）将“两化融合”内生化，认为“两化融合”是产业结构优化升级、促进经济增长的一种生产要素，对推动我国产业结构优化升级和经济可持续发展具有重要作用。

综上所述，本书认为“两化融合”是不断发展的信息技术和工业技术的高度结合，工业化为信息化提供基础载体和物理空间，信息化为工业化提供发展动力和创新空间，工业化和信息化相互补充、相互促进，最终实现数字化、智能化的可持续工业化道路。

三、产业结构

“结构”是指构成整体的不同部分遵循一定的规律进行搭配和排列时，

所展现的形式。因此，我们对于“产业结构”可以有一个初步认知：不同产业遵循一定的规律进行搭配和排列时所展现的形式。关于“产业结构”的概念解释，日本政府和学者 20 世纪 50 年代在制定经济发展战略时，用“产业结构”概括“产业之间的关系结构”，侧重于产业间排列的形式。而产业组织理论创始人美国经济学家贝恩（J. S. Bain）在比较不同国家经济发展时，将“产业结构”概念解释引入到企业层面，他在《产业结构的国际比较》一书中将产业结构定义为：“产业内企业间关系”（Bain，1966）。我国 1991 年出版的《产业经济学辞典》涵盖了企业层面和产业层面的两层含义，对“产业结构”做出的解释为“各产业部门内部与部门之间相关行业及企业间的构成，及其相互制约的联结关系”①。

目前关于“产业结构”具有代表性的定义有：洪银兴（1988）从投入和产出两个角度对产业结构进行了定义，从投入角度看，产业结构是指“社会资源在各产业部门的分配比例关系”，从产出方面来看，产业结构是指“各产业部门的生产能力或者说新创造的国民收入在各产业部门的分配比例”。李悦（2002）分别从产业发展形态理论和产业联系理论出发，对产业结构做出不同的定义。从产业发展形态理论角度看，产业结构是指“国民经济各产业中资源配置效率的变动关系”；从产业联系理论角度讲，“产业结构”是指“产业间技术经济的数量比例关系②”。戴伯勋和沈宏达（2001）从技术经济学的角度对产业结构进行了定义，他们认为产业结构是指“各产业之间的生产技术经济联系和数量比例关系”。同时，国内产业经济学教材中，对产业结构较为流行的释义都是“产业之间的关联结构”（杨治，1985；苏东水，2000；刘志彪，2009）。

综上所述，本书对于产业结构可以定义为：一个国家或地区不同产业

① 丁宝山，任建平．产业经济学词典［M］．北京：中国财政经济出版社，1991.

② 李悦，李平．产业经济学［M］．大连：东北财经大学出版社，2002.

的发展程度、构成比例以及技术经济联系，发展程度反映不同产业在国民经济中的占比，构成比例反映生产要素在不同产业间的配置情况，技术经济联系反映不同产业间相互作用和相互依存的关系。

四、产业结构转型升级

关于产业结构转型升级的概念，我们首先应知道“转型”和“升级”的含义。“转型”，即事物从一种形态到另一种形态的转变过程，包括社会经济结构、组织模式、发展战略等；“升级”是指事物从一种低级形态到高级形态的演进过程，包括组织结构、生产方式、发展内容等。“转型”和“升级”通常是一个并发过程，即转型过程中通常包含升级，升级过程中蕴含转型。结合上一节对于产业结构的概念界定，我们对于“产业结构转型升级”可以有一个初步认知：产业结构转型升级包含两个过程，一方面是产业结构从一种形态转变为另一种形态，另一方面是产业结构从一种低级形态上升到高级形态，综合在一起就是“产业结构从一种较低的发展形态转变上升成为另一种更高级的形态”。

目前，国内学术界关于产业结构高度化、产业结构合理化以及产业结构优化等概念研究较多，而关于产业结构转型升级的概念研究相对较少，多是关于产业转型升级的定义。有鉴于此，本书梳理了目前国内关于产业转型升级的定义：金碚（2011）从宏观层面出发，提出产业转型升级是一个动态综合性的转变过程，包含产业技术、产业调整和产业选择等多方面的转型和升级；熊勇清等（2013）认为，产业转型升级是一个综合性概念。戴丹（2014）将产业转型升级分解成两部分：产业转型和产业升级，产业转型是发展模式和发展动力的转换，产业升级是产业间和产业内的升级两方面内容。也有学者明确提出产业结构转型升级的定义，马小强（2016）从转型升级的内涵出发，认为产业结构转型升级是产业结构的水平由低到高、联系由松到紧的动态转变过程。

从上述关于产业转型升级和产业结构转型升级的概念综述中不难发现，产业结构转型升级是产业结构的动态性转变上升过程。本书认为，一个国家或一个地区范围内的产业结构转型升级意味着产业结构要同时发生合理化、高度化、升级化和转型化的过程。具体来看：

（1）产业结构合理化的基本含义是三次产业以及产业内部的比例合理化程度，是经济有序健康发展的前提条件。

（2）产业结构高度化的基本含义是经济发展重点由第一产业向第二产业和第三产业逐次转移的过程，是经济增长质量的重要衡量标准。

（3）产业结构升级化的基本含义是产业结构由低级形态到高级形态的动态演化过程，是产业链从低端走向高端的跃迁过程，是经济增长由量变到质变的发展结果。

（4）产业结构转型化的基本含义是产业结构从一种形态变化到另一种形态的转变过程，是我国经济可持续发展的内在要求。

产业结构的合理化、高度化、升级化和转型化互为基础、互相渗透、相互作用。产业结构合理化和高度化能够很好地反映产业结构当前的基本形态，产业结构升级化和转型化则能够很好地反映产业结构未来的变化趋势。产业结构的高度化、升级化以合理化为基础，没有合理的产业结构就无从谈起产业结构升级发展，同样，没有产业结构的升级也就谈不上高度化和转型化。产业结构转型化的前提是产业结构达到一定的合理化高度；反过来，产业结构转型化能促使产业结构向更高级的形态发展，提高产业结构合理化程度。

综上所述，产业结构转型升级是一个循序渐进的动态过程，是产业结构合理化、高度化、升级化和转型化的有机统一，其最终目标是实现经济、社会、资源、环境的可持续发展。

第二节　相关理论基础阐释

一、产业结构演变理论

世界各国的经济发展实践表明，产业结构在经济发展过程中存在一定的规律性。这种规律性主要体现在两点。

一是产业结构演进与经济增长之间的规律。大量的理论研究和实证研究发现，产业结构演变与经济增长之间存在紧密的内在联系，两者互为因果、互相依存。一方面，经济增长带动产业结构演变，即经济总量的增加带动产业结构发生正向升级。经济增长不仅仅是经济总量的线性变化过程，还是经济结构深入变化的过程，经济的高速增长率导致产业结构的高频转换率。另一方面，产业结构演变推动经济增长，即产业结构的优化可以推动经济增长的数量和质量发生积极变化。产业结构可以优化产业布局体系，优化经济发展中的生产要素配置，产业结构的高频转换率导致经济的高速增长率。

二是产业结构自身的演变规律。产业结构演变是产业不断自我更新的过程，这一过程中产业结构呈现出有序性、主导产业递进性以及自身惯性。产业结构演变的有序性指产业结构从低级到高级的过程中，产业结构会由第一、第二产业占比较大的形态转向成第二、第三产业占比较大的形态。主导产业递进性是指主导产业从一个部门到另一个部门的更替变换；产业结构演变的自身惯性是指产业结构的演变是不可逆的，且当期产业结构会对下一期产业结构产生影响。关于产业结构演变的理论研究有很多，本节选择最具代表性的三大理论：配第—克拉克命题、库兹涅茨产业结构变动理论和罗斯托的主导产业选择理论。

（一）配第—克拉克命题

配第—克拉克命题（Petty-Clark Thesis）是由17世纪英国经济学家威廉·配第提出，经过阿·费希尔（Fisher，1935）的肯定，再由科林·克拉克（Colin Clark，1940）进一步发展而形成的著名产业结构演变理论，这一理论可以很好地反映出社会经济进步过程中"产业软化"（Softening of Industries）的实际情况。

首先，配第在研究英国经济数据时发现，船员的收入要高出农民的收入4倍，两个产业从业人员存在巨大的收入差异，由此，配第总结到"比起农业来，工业的收入更多，而商业的收入又比工业更多"[①]，这种收入上的差异会导致劳动力在不同产业部门间发生流动，从低收入部门流向高收入部门。

其次，费希尔在配第产业思想的基础上，提出了三次产业的划分方法[②]，三次产业划分法是产业结构研究中使用最广泛的分类法之一。

最后，科林·克拉克又在费希尔产业划分理论基础上发现了劳动力在三次产业间的转移规律：劳动力在三次产业间的分布结构会随着产业之间的收入差异而发生变化，劳动力将从低收入部门向高收入部门流动，即劳动力会由第一产业向第二、第三产业转移。在劳动力转移发生的同时，伴随经济发展水平和人均收入的提升，第一产业劳动力占比会逐渐地下降，第二产业特别是第三产业劳动力占比会出现显著的提高。

经过上述对配第—克拉克命题发展历程的分析，总结其特点：

（1）理论基础是三次产业划分法。

（2）研究样本是时间序列数据。

---

① 威康·配第．政治算术［M］．北京：商务印书馆，1978.

② 新西兰经济学家费歇尔在《安全与进步的冲突》中首次系统地提出三次产业分类法。

（3）产业结构变动的衡量标准是劳动力在三次产业中的分布。

（二）库兹涅茨产业结构变动理论

在克拉克相关研究的基础上，西蒙·库兹涅茨（Simon Kugnets）对产业结构的演进做了进一步的探讨。根据不同产业在生产中对资源的依赖程度和需求种类的差异，他用农业、工业、服务业替代了之前的第一、第二、第三产业。利用现代统计体系，收集整理了 1958 年 50 多个国家的截面数据，并根据人均 GNP 由低到高分成 8 组。本书根据他所收集的数据，整理成百分比堆积柱状图（见图 2-2、图 2-3），以更好地反映出产值结构和劳动力结构随着人均国民收入增加而产生的变化。

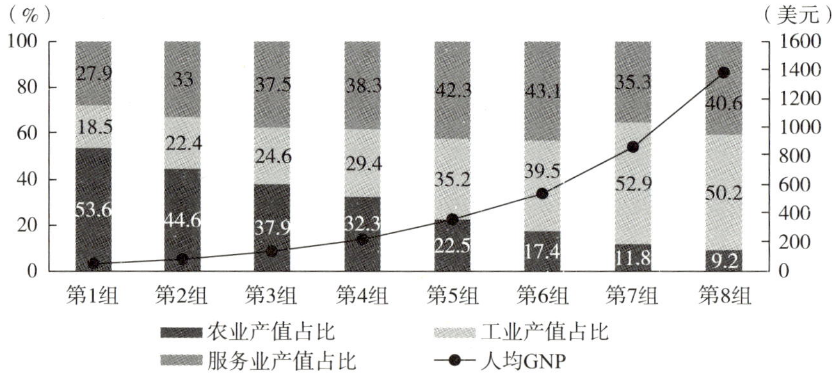

图 2-2　库兹涅茨 1958 年 57 个国家产值结构变动规律

注：本图整理自西蒙·库兹涅茨．各国的经济增长［M］．北京：商务印书馆，2005.

经研究发现，从各产业产值结构看（见图 2-2），随着人均国民收入的提高（第 1 组→第 8 组），农业在国民经济中的比重不断下降，工业比重有所增加，服务业所占比重明显提高。从各产业劳动力结构看（见图 2-3），随着人均国民收入的提高（第 1 组→第 8 组），劳动力在三次产业结构中的分布也发生相应变化，农业劳动力在总劳动力中所占比重不断下降，农业相对比重略有上升，服务业的比重则明显上升。综合对比图 2-2 和图 2-3，我们

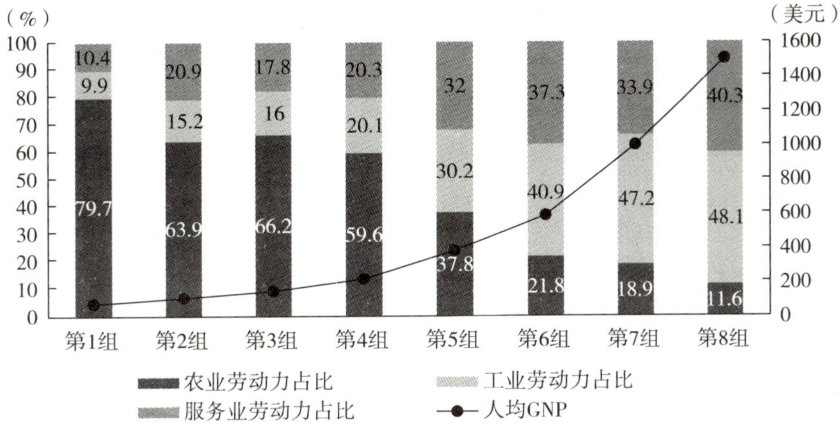

图 2-3 库兹涅茨 1958 年 59 个国家劳动力结构变动规律

注：本图整理自西蒙·库兹涅茨．各国的经济增长［M］．北京：商务印书馆，2005.

发现，随着一国经济水平的持续增长和发展：

（1）农业产值和农业劳动力的比重均会显著下降，农业在产业结构中的地位下降明显。

（2）工业产值和农业劳动力比重均大幅度提升，但产值提升速度要快于劳动力提升速度，即工业创造产值的能力要高于吸纳劳动力的能力，工业在产业结构中的地位逐渐成为主导。

（3）服务业产值和农业劳动力比重均大幅度提升，但劳动力提升速度要快于产值提升速度，即服务业吸纳劳动力的能力要高于它创造产值的能力，服务业在产业结构中逐渐成为规模最大的产业。

经过上述对库兹涅茨产业结构变动理论的分析，总结其特点：

（1）理论基础仍是三次产业划分法，但他根据不同产业在生产中对资源的依赖程度和需求种类的差异，以农业、工业、服务业替代了之前的第一、第二、第三产业。

（2）研究样本是截面数据和时间序列数据。

（3）产业结构变动的衡量标准是产值和劳动力在三次产业中的分布。

（三）罗斯托的主导产业理论

配第—克拉克命题和库兹涅茨产业结构变动理论是关于经济增长带动产业结构演变的理论概括，而罗斯托的主导产业理论则是关于产业结构演变推动经济增长的理论分析。罗斯托（W. Rostow）根据经济发展过程中产业结构变动和生产率增长的不同特点，将经济增长阶段划分为6个阶段（见图2-4）：传统社会阶段→“起飞”创造前提的阶段→“起飞”阶段→成熟阶段→群众性高额大众消费阶段→追求生活质量阶段。

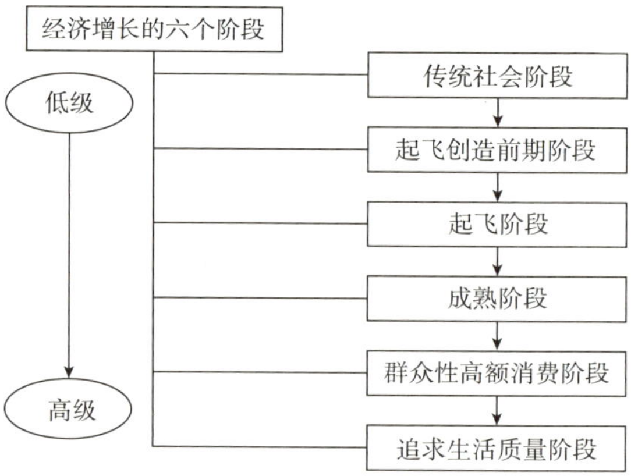

图2-4　罗斯托经济增长阶段理论

罗斯托认为产业结构推动经济增长主要体现在两个方面：

一是主导产业的轮替给经济发展提供动力。不同的阶段演进以不同的主导产业更替为特征，随着时间的更替，主导产业应该分别为工业、服务业及信息产业、物流业、金融业等行业，产业轮替中新产业的发展可以给经济增长提供强劲动力，正如罗斯托所言“现代经济增长对技术创新的吸收本来就是一个产业经济过程，是主导产业部门依次更替的过程”（Rostow，1988）。

二是产业结构通过强扩散效应（前向效应、后向效应、旁侧效应）推动经济体快速增长。产业结构体系内每个产业都通过前向联系、后向联系、旁侧联系等方式与其他产业紧密关联起来，主导产业的产业优势通过三种效应辐射到产业关联链条上的其他产业，带动其他产业深入发展，促进产业结构的转型升级，推动整个经济体的全面发展。

二、产业融合理论

伴随现代科学技术的飞速发展，计算机、通信、媒体等不同行业从 20 世纪 70 年代开始就不断发生技术和内容融合，学界将这一经济现象称为产业融合（Industrial Convergence）。20 世纪 90 年以后，信息科技的爆发式发展，信息技术的超强渗透能力和结合能力推动越来越多的不同产业发生互动融合，产业融合打破了产业间原有固化的功能边界，促进了新兴产业的形成与发展，衍生出一大批如数据处理、信息咨询、产品设计的新兴产业，这些新兴产业的强大动力有效推动着传统产业结构转型升级。产业融合作为产业创新的一种新模式，是新经济时代的重要标志和引擎。

产业融合理论研究是当前产业经济学的前沿研究课题之一，研究产业融合理论有助于我们更全面地了解和掌握产业发展的规律和趋势。尼古拉斯·尼葛洛庞帝（Nicholas Negroponte）是最早对产业融合现象进行研究的学者，如图 2-5 所示，他用三个重叠的圆分别代表计算机、广播和印刷三个行业，圆圈边缘代表产业边界，这三个圆的重叠部分代表产业融合领域，这个重叠部分就是成长最快、活力最强、创新最多的领域（Negroponte，1978）。

关于信息化与产业融合之间的关系，国外学者的相关研究比较丰富，学者们普遍认同信息化是产业融合的重要驱动力。Yoffie（1996）强调了数字技术的重要作用，认为产业融合是原本各自独立的产品在采用数字技术后的整合结果；Gaines（1998）揭示了信息技术融合的技术基础，认为信息技术融合过程中同时发生技术替代和技术相互学习，数字技术是产业融合

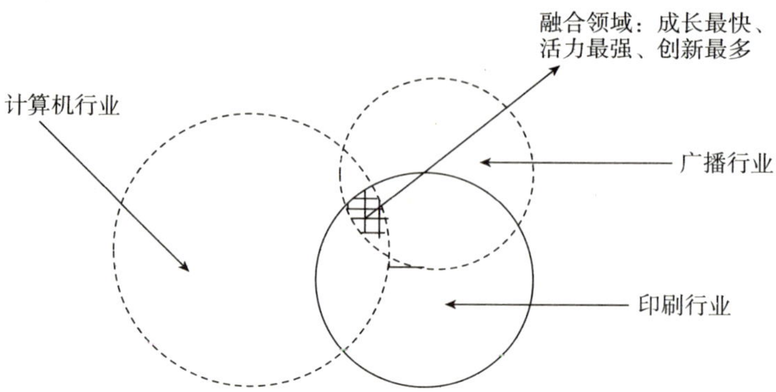

图 2-5　产业边界与产业融合

发生的管理推动力量；澳大利亚政府信息办公室（AGNOIE，2000）在其《融合报告》中提出，产业融合是“由数字化激活的服务部门的重构”；Martha（2001）指出，由于信息产业的融合才导致了跨产业边界服务的出现。植草益（Masu Uekusa，2001）指出，产业融合就是通过技术革新和放宽限制来降低行业间的壁垒，加强行业企业间的竞争合作关系。国内学者周振华（2003）认为，信息化是产业融合的前提，“尽管推动电信、广播电视和出版三大产业融合的动力来自于信息技术、政府放松管制和管理创新三个方面，但其中起着决定作用的是信息技术融合”①。他认为从历史的逻辑顺序看，先有信息化才有了后续的产业融合现象。产业融合是信息化发展到一定阶段的产物，是信息化进程中呈现的一种产业新范式。

以上学者提出的是仅限于信息通信业的产业融合。实际上，产业融合除了发生在信息通信领域，还广泛地存在于其他领域中。从产业融合的发展趋势看，我们认为产业融合较为科学的含义应该表述为，由于技术进步和放松管制，发生在产业边界和交叉处的技术融合，改变了原有产业产品的特征和市场需求，导致产业中企业之间的竞争合作关系发生改变，从而

① 周振华．信息化与产业融合［M］上海：上海三联书店，上海人民出版社，2003.

导致产业界限的模糊化，甚至于重划产业界限。

三、创新理论

创新（Innovation）起源于拉丁语“Innovare”，这个词的作用对象是原有的东西，具体包含三层含义：第一，替代，用新的东西更替原有的东西；第二，创造，创造原来没有的东西；第三，改造，对原有的东西进行改造。经济学上的创新最早是由熊彼特（Joseph A. Schumpeter）明确提出来的，熊彼特从生产函数角度给予创新经济学上的定义，“创新就是生产函数的变动，是生产要素的重新组合[①]”（Schumpeter，1912），创新过程是以从未出现过的“新组合”方式将生产要素和生产条件引入社会生产体系。熊彼特关于创新定义中的“新组合”主要包括：①产品创新，采用一种新的产品；②技术创新，在生产中使用新技术；③市场创新，开辟出新的市场；④材料创新，控制原材料或半制成品的新的供应来源；⑤组织创新，实现企业的新组织。

创新不仅包括产品创新、技术创新、组织创新等新组合的产生，也包括对落后的、低效的、僵硬的工艺与产品的破坏和更替。熊彼特认为创新与破坏两者同源，创新就是“创造性破坏”，创新过程就是“不断地破坏旧结构和创造新结构”。产业创新，即对旧产业结构的创造性破坏。当经济景气循环到谷底的时候，某些创新能力差的产业就会因为不适应市场的发展而被筛除，同时，也有一些新兴产业因为创新导致生产效率高于同类的传统产业，就会“脱颖而出”。在熊彼特之后，管理学大师德鲁克（Drucker，1985）对创新的含义进行了拓展和延伸，他认为创新不仅仅是“创造性破坏”的过程，也是创造“新资源”的过程。创新是一种对人力和物质资源的“赋能”行为，所赋予的是一种扩大财富创造的能力。他对创新做出了

① 约瑟夫·熊彼特．经济发展概论［M］．北京：商务印书馆，1991.

一个超前瞻性的定义，“创新本身就创造了资源”[①]。结合熊彼特和德鲁克关于创新的定义，我们认为，创新是一种持久的内生性动力，是不断打破现有规则，并创造新型生产关系的过程。

① 彼得·德鲁克．创新与企业家精神［M］．上海：上海人民出版社，2002.

第三章

信息化对产业结构转型升级的影响机理分析

通过上一章对信息化和产业结构转型升级的概念界定以及相关理论的分析，我们对两者的基本内涵和发展规律有了较为全面清晰的认识。本章探讨信息化是通过何种机理作用于产业结构，促进我国产业结构的转型升级。本章从产业改造和产业融合两个方面来分析信息化对产业转型升级的作用机理（见图 3-1）：其一，基于创新理论视角分析信息化以新技术、新模式和新生态系统实现传统产业的改造。信息化以新技术提升产业生产效

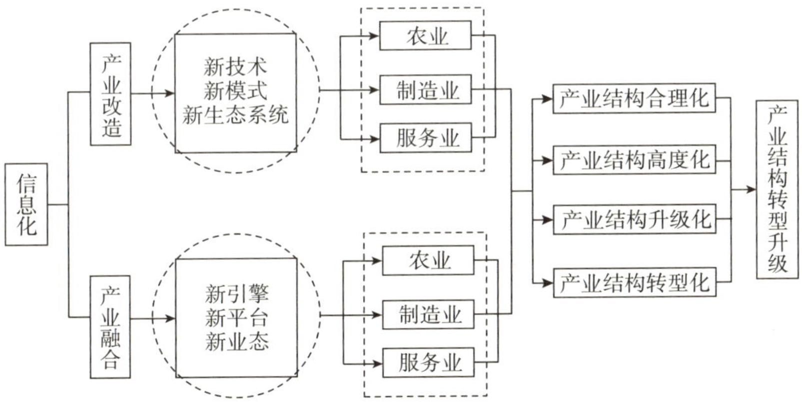

图 3-1 信息化对产业结构影响机理分析

率，以新模式激发产业内在活力，以新生态系统提升产业创新能力，实现传统产业的有序健康发展。其二，基于产业融合理论视角分析信息化促进产业融合。信息化以新引擎提升产业融合效率、以新平台缩短产业融合周期、以新业态丰富产业发展内容，实现传统产业更高效地融合。信息化通过产业改造和产业融合促进产业结构向合理化、高度化、升级化和转型化方向发展。同时，本章第三节还分析了信息化对三次产业的具体影响机理。

第一节　信息化促进与提升产业改造

信息化具有广泛的适用性和渗透性，可以广泛渗透和运用到传统部门，通过新技术、新模式和新市场对传统的农业、制造业和服务业进行改造，为传统产业发展注入新活力（见图 3-2）。信息化能够促进产业结构优化，加速三次产业结构的演进过程，提升产品和服务层次，促进产业内部结构升级。

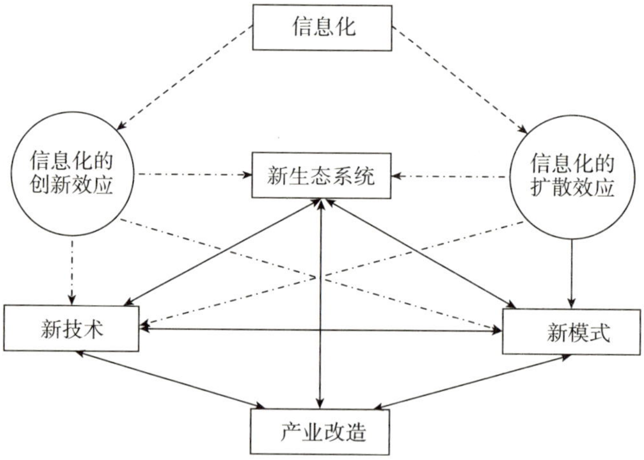

图 3-2　信息化促进产业改造路径分析

一、信息化以新技术提升产业生产效率

当产业引入新技术时，新技术可以降低企业生产的最小规模，显著提高企业规模经济效应发生的可能概率（Acs and Audretsch，2003）[①]。伴随着信息化的迅速普及和深度应用，新一代信息技术的创新效应得以极大地释放，技术扩散效应覆盖经济社会的不同领域，产业生产效率得以显著提升。信息化以新技术提升产业生产效率，主要体现在四方面：

一是信息技术在传统产业中的广泛应用，先进的生产设备和生产方式，全面推动传统产业在研发、设计、采购、生产、销售以及管理等多方面得到改善，劳动生产率得以大幅度提高。如在企业中运用 PDM、PLM、SCM、ERP 等信息系统，使得企业在产品数据管理、产品生命周期、产业链管理、企业资源管理等方面得到优化和提高，从而提高企业管理效率和经济效益。

二是信息化的高关联性和信息技术的高渗透性使得产业分化与产业重组进程大大加快，产业跨界融合概率显著增加，产业创新效率大大提高。

三是新兴信息产业正逐渐崛起壮大，产业辐射范围和辐射领域不断扩大，产业结构的高知识性和高技术性日益显现，产业组织技术效率逐渐提高。

四是网络基础设施不断改善，以信息技术为基础的互联网经济获得空前发展，生产者与消费者之间原有的中间交换环节被大幅度剔除，整个经济社会的运行效率得以提升。

二、信息化以新模式激发产业内在活力

传统产业信息化程度普遍较低，伴随产业信息化程度的不断提升，产业发展潜能得以释放，雨后春笋式的新商业模式为传统产业的转型升级增

---

① Z. J. Acs. DB Innovation and Technological Change［J］. Springer US，2003，1（1-2）：55-79.

添内在活力。信息化为产业改造提供新模式最突出、最典型的领域是我国在互联网商业模式上的不断实践，不断涌现的新模式对我国产业的发展产生了深远影响。20 多年来，依托我国巨大的网络市场规模和网民红利，以及中国互联网企业的不断学习和创新，加上移动互联网的爆发式发展，中国消费互联网已呈现出规模化的发展趋势，这些行业的格局已经基本稳定，人们的生活已经被互联网渗透到方方面面。当前，信息经济逐渐从个人转向企业，以流量经济为盈利模式的消费互联网正逐步转向以价值创造为盈利模式的产业互联网。近年来，伴随移动终端的多样化、智能化、个性化，传统行业与互联网的融合范围和融合程度日渐加深。产业互联网在成长中不断寻求全新的管理和服务模式，创造出中国最佳实践方式，如 M2C 对制造业、O2O 对传统服务业、P2P 对金融业都产生了重大影响。互联网在生产要素配置中所起到的优化和集成作用，增强了信息交互程度，打破了市场信息不对称的格局，削减了产品流通中的环节和层级，已经使得这些新模式发展成为一种新的经济形态，促进传统产业向柔性化、定制化和个性化方向变革。

三、信息化以新生态系统提升产业创新能力

信息技术对不同产业的支撑作用越来越强，日益成为推动产业发展的主导力量。信息化的覆盖范围和渗透领域不断扩大，信息技术与各行各业的跨界融合不断上演，并不断创造出新产品、新业务与新模式。信息化正在推动形成连接一切的产业新生态，充分释放信息技术的引领和融合力量，产业创新能力显著提高。产业创新能力，不是技术创新或者模式创新的简单集合，而是整个产业生态系统的系统功能。信息化推动产业新生态系统的形成，促进产业创新能力的提升。一方面，完善产业新生态体系，从辅助设计、平台对接、数据交换等多方面为产业创新提供各项基础性支撑；

另一方面，产业创新系统运行效率的高低是决定产业创新能力的关键，信息化可以有效提高产业创新系统的运行效率。

第二节 信息化引领与推动产业融合

产业融合是信息化进程中呈现的一种产业新范式。传统工业技术的发展，尽管细节上存在很大差异，但均扩大了专业化分工的力量，在不同部门之间固化形成产业边界。虽然工业化发展中也有技术融合发生，但这些融合很少发生在不同产业的边界处，绝大多数发生在本产业边界之内。因而，这种技术融合并不会使不同产业间边界模糊或者消失，而体现在对其他产业部门产生影响。在信息化发展中出现的产业融合现象与传统工业化则截然不同，信息技术的不断创新与扩散、发展与融合，带动了一系列关联产业的发展，信息化的关联效应得到增强。信息技术的强渗透性和亲和力使得信息化过程具有极强的渗透效应，导致基于传统工业生产大规模产业分工的产业边界逐渐模糊或消融，产业之间发生更多的融合和渗透。信息化的迅速发展为产业融合提供了新引擎和新业态，加速了产业融合的进程（见图 3-3）。

一、信息化以新引擎提升产业融合效率

从技术角度看，产业融合过程是产业间技术的叠加、交叉、渗透，过程中会涌现出一批新技术来代替原因的技术，期间伴随一系列的产业调整。信息技术可以有力缩短传统物质生产传递路径，加速产业间技术融合过程，提升产业融合效率。20 世纪 90 年代以来，信息技术广泛与其他高技术产业如航天、医疗、仪表等产业融合，产生了很多新兴产业业态，创造出了新

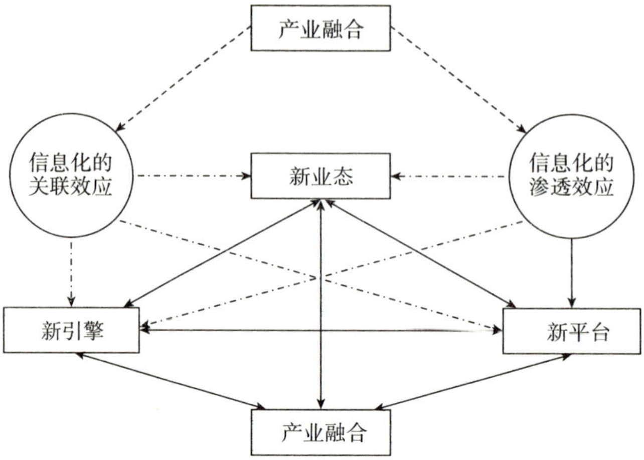

图 3-3　信息化促进产业融合路径分析

的产业门类。通过产业间的功能互补和延伸，这类融合赋予了原有产业新的附加功能、更高的附加值和更强的竞争力。

二、信息化以新平台缩短产业融合周期

传统意义上的“平台”是指集成了功能组件的集合体，这一集合体可以以一个统一的形象主体呈现出来，而信息化为产业融合提供的“平台”则是指促进多产业互动与交叉的空间。信息化平台的网络效应和连接效应可以促进不同产业之间发生“化学反应”，强化弱连接关系，缩短融合路径，提高产业融合的发生概率和效率（见图 3-4）。一方面，信息化平台的网络效应可以为更多的产业创造融合机遇，信息化平台具有开放的架构，大规模存储的数据，统一的标准，为不同产业之间提供共享资源，提升产业的匹配程度，提高产业融合的发生概率和成功率；另一方面，信息化平台的连接效应可以有效打破产业固化边界，缩短产业融合路径，信息技术的强渗透性和强关联性极大地促进了不同产业发生融合。另外，技术标准仍然是产业融合的重点与难点，信息化平台将各行各业的技术和标准统一

到一个平台上，并在此基础上构建宏大的产业生态系统。如“工业互联网平台”促进新一代信息技术与传统制造业相融合，企业的研发设计、生产制造、产品流通和售后服务等在实现数字化、信息化和智能化的基础上，都被迁移到云数据中心，通过一个统一的云操作平台实现智能制造。

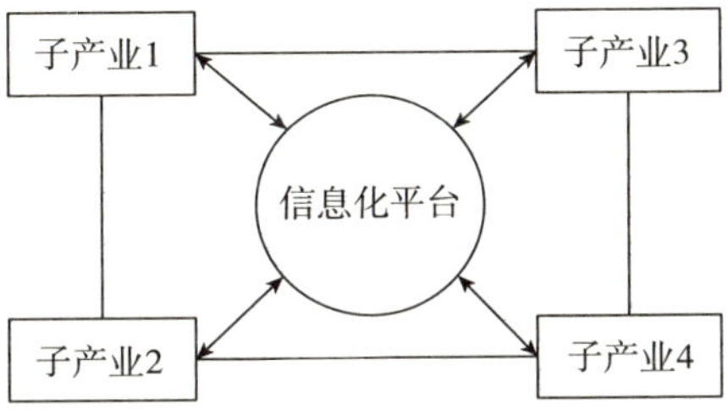

图 3-4　信息化为产业融合提供新平台

三、信息化以新业态丰富产业发展内容

“由于一切生产均涉及在各种竞争的可能性之间做出选择”，因此，“在竞争性的经济里，新组合意味着对旧组合通过竞争而加以消灭”（熊彼特，1926）[①]。信息化可以推动不同产业的交叉、渗透与重组[②]，产业的交叉、渗透与重组都属于产业融合范畴。信息化在推动产业融合的过程中，不同产业间的交叉、渗透和重组会产生更多以信息技术为基础的新兴产业和以知识、技术高度密集为特征的新兴产业（见图 3-5）。

① 约瑟夫·熊彼特．经济发展理论［M］．北京：商务印书馆，1991.

② 产业交叉是通过产业间的功能互补和延伸实现产业间融合；产业渗透通常指高新技术产业渗透进入传统产业，提高传统产业的效率；产业重组通常指关联度较高的产业之间打破固化边界，产生新的产业形态。

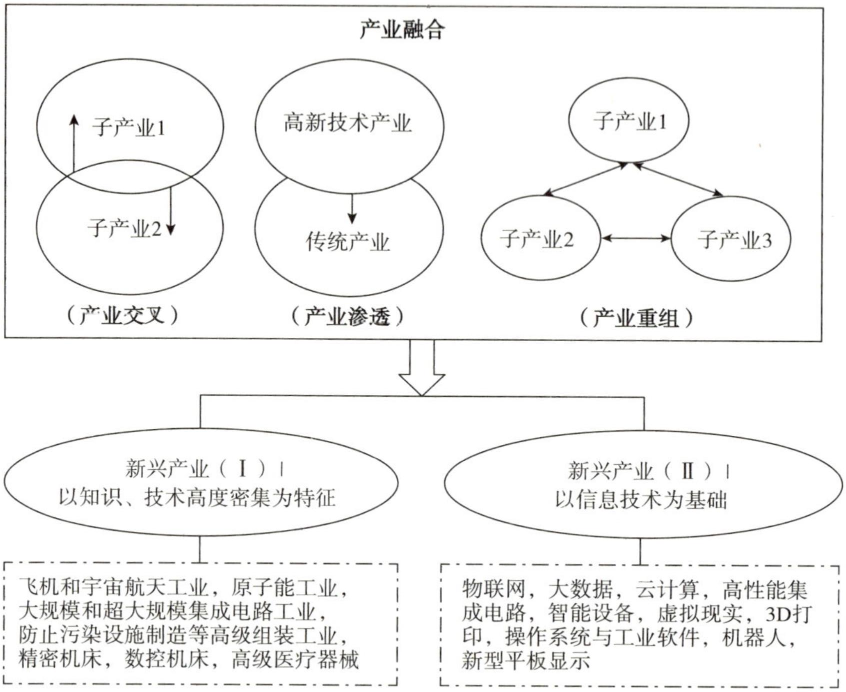

图 3-5　信息化催生新兴产业促进产业融合

一是由于信息技术的强渗透性和带动性，驱动不同产业之间交叉、渗透与重组，并形成大量基于信息技术的新兴产业如物联网、新型平板、高性能集成电路。同时，在信息技术创新和变革的驱动下，信息产业步入快速发展轨道，信息产业在国民经济中的占比迅速提升，这一进程实质上也是产业结构调整升级的过程。

二是信息技术具有带动作用强、渗透面广和影响力大等特点，不仅能够有效地促使传统产业“脱胎换骨”、实现质的飞跃，还能衍生出一批以知识、技术高度密集为特征的新兴产业如航天工业、数控机床、原子能工业等。这些新兴产业在整个产业结构中所占的比重越大，则整个产业结构的质态越高。

第三节 信息化对三次产业转型升级的影响机理分析

本书依据三次产业分类法将产业分成农业、工业、服务业三类。由于信息化对工业的影响机理突出反映在制造业上，所以本书关于信息化对工业的影响机理分析，以制造业为主要讨论对象。

一、信息化对农业转型升级的影响机理

我国农业从传统农业向现代农业演进的标志是信息技术在农业中的大量、广泛、深度应用，为农业生产、供给和销售以及相关的管理和服务提供有效的信息支持，改变传统农业发展方式，提升农业生产效率。信息化对农业的影响通常体现在生产、经营、决策、服务和管理五个方面。

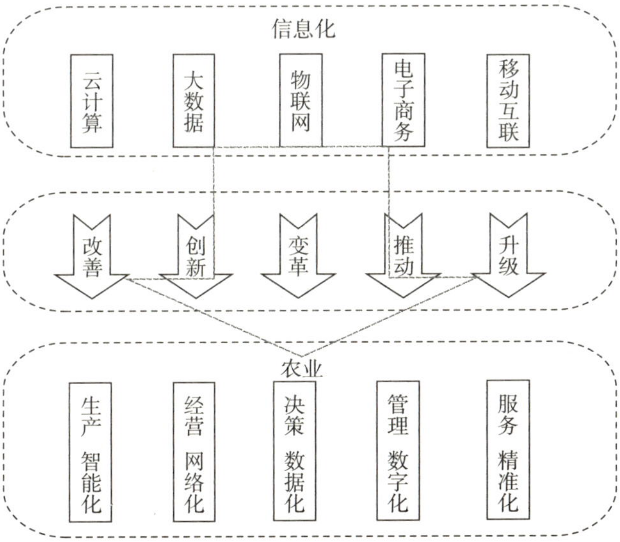

图 3-6 信息化对农业的影响机理

从信息化对农业的影响机理图（见图 3-6）可知：

一是信息化改善农业生产方式，推动农业生产智能化发展。物联网、大数据、云计算等新一代信息技术在农业领域正逐步推广应用，对传统农业生产方式产生颠覆式影响，推动了农业产业升级，提高了农产品的产量与质量。

二是信息化创新农业经营方式，推动农业经营网络化。信息化改变了传统农业经营的理念与模式，提高农业生产要素交换与配置效率，提升农业经营的组织化和产业化水平，实现了农业经营的网络化发展。

三是信息化变革农业生产决策方式，推动生产决策数据化。现代信息技术提高了农业生产与农业科研单位的联系程度，积累大量的农业数据资源，促进农业生产决策数据化水平。

四是信息化推动农业管理能力发展，提升农业管理数字化水平。信息化为农业管理提供了有效的支撑手段，推动了农业管理方式创新，提升了农业管理部门的行政效率和透明度。

五是信息化丰富农业服务内容，提高农业服务精准化水平。信息化完善了现代农业综合服务体系，拓宽了农业服务领域，提升了农业劳动者信息获取能力，实现了灵活、便捷、及时的精准化农业生产服务。

二、信息化对制造业转型升级的影响机理

以信息化推动我国制造业由大变强是我国制造业发展的必然选择。信息技术促进制造业各部门改造、升级、提升、做大做强，实现从产品研发设计开始到销售经营结束的全过程信息化。信息化是激发传统制造业创新活力、内生潜力、转型动力的关键所在。信息化对制造业的影响主要体现在生产、装备、系统、服务和设计五个方面。

从信息化对制造业的影响机理图（见图 3-7）可知：

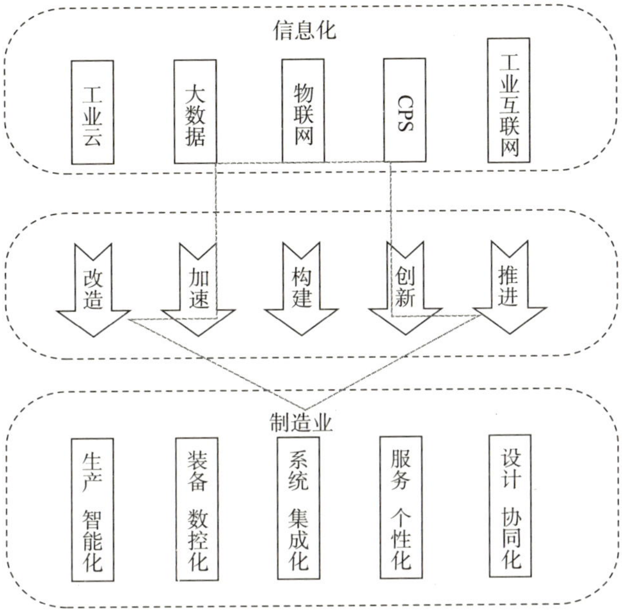

图 3-7 信息化对制造业的影响机理

一是信息化改造制造业生产方式，推动制造业智能化发展。工业云、大数据等新一代信息技术在制造业领域的广泛应用，提高了生产过程控制的自动化、智能化水平，推动了制造业转型升级。

二是信息化加速生产装备更新换代，提高装备数控化水平。伴随信息化与工业化的深度融合，我国制造业生产装备更新换代不断提速，装备数控化是我国制造业迈向高端的必由之路，也是信息化推动制造业转型升级的必然要求。

三是信息化构建现代制造业集成系统，提升系统集成化水平。构建制造类企业信息化集成系统是新一轮工业革命的切入点，企业通过纵向集成（Vertical Integration）和横向集成（Transversal Integration）两种方式提高信息化系统的集成化水平[①]。

四是信息化创新制造业生产服务方式，增强个性化服务能力。信息化有效促进消费者信息真实、即时、准确的反馈，并能迅速应答消费需求的变化。制造业生产服务方式的创新程度不断加深，有力提高了生产环节与消费环节的融合水平，增强企业满足消费者的多样化、个性化服务要求。

五是信息化推进研发设计网络协同，提高产品研发设计的协同化程度。信息化推动数字化研发设计工具不断在制造业领域普及，并依托互联网开展合作研发、联合设计，提高产品研发设计的协同化程度。

三、信息化对服务业转型升级的影响机理

信息化在推动经济体从工业经济向服务经济转型的过程中发挥着巨大作用。现代服务业是我国信息化发展中受益最大的产业，移动互联网、智能设备、大数据分析等信息技术全面渗透融入服务业各行业，不断挖掘服务业新模式、新空间、新机遇。信息化对服务业的影响主要体现在分工、方式、内容、品质和运营五个方面。

从信息化对服务业的影响机理图（见图 3-8）可知：

一是信息化促进社会化分工，提高专业化水平。信息化跨越时空限制的特性对现代服务业体系产生强烈冲击，促进现代服务业体系一方面拓展分工的种类，另一方面加深专业化水平，以满足日益复杂、多样、个性化的社会需求。

二是信息化创新服务方式，智慧化服务范围日益扩大。信息技术和智能设备在服务业领域广泛深入应用，传统服务方式不断融入新元素，跨行业、跨业态、跨层次的服务融合不断发生，团购型、共享型、体验型等新

① 纵向集成：构建企业信息化集成系统时，企业内部不同层级间的相关信息互联互通的计算机技术实现。横向集成：构建企业信息化集成系统时，企业内同层的各类信息交互与融合的计算机技术实现。

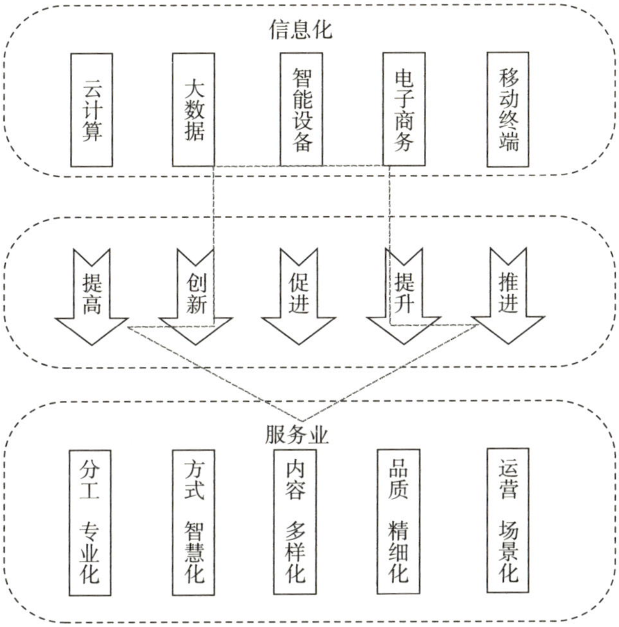

图 3-8 信息化对服务业的影响机理

型服务方式不断涌现，智慧化服务范围不断扩大。

三是信息化丰富服务供给内容，促进服务多层次多样化发展。信息技术改变传统服务的供给方式，让很多传统服务行业如餐饮、住宿、家政、物流等行业插上信息化“翅膀”，行业供给能力得到充分释放，供给质量和供给结构逐步优化，服务内容和范围呈现多层次、多样化发展。

四是信息化有效提升服务品质，服务精细化程度加深。信息化强化了服务供给者和消费者之间的沟通渠道，让消费信息得以真实、即时、准确地反馈，有助于完善服务体系，提高服务品质，推动服务业从“有没有”到“好不好”的精细化方向转向。

五是信息化推进服务业运营模式变革，场景化运营崭露头角。场景化是当前移动互联网产品的设计焦点，场景化服务顺应了移动互联网的发展势头，从传统电商的“货架式”思路转向“体验式”思路，使得消费者能够“身临其境”感受服务，是信息化作用下现代服务业的重要发展趋势。

第四节　信息化促进产业转型升级的案例

为了便于读者更深入地理解信息化促进产业结构转型升级，本节特意从信息化前沿领域选择人工智能和大数据方面，从案例角度分析人工智能推动金融信息服务行业转型升级和大数据推动实体经济转型升级。

一、人工智能对金融信息服务业转型升级的影响

（一）人工智能的概念和基本特点

人工智能（Artificial Intelligence）概念起源于1956年的达特茅斯会议[①]，“人工智能”从被提出开始就引起了广泛关注，从此之后，无数研究者致力于让机器像人一样具有智能，能够与人进行自然的人机交互。人工智能研究虽然已经有了60多年的时间，但目前仍未有关于人工智能的公认定义，即使“人工智能之父”艾伦·图灵（Alan Turing）成功定义了什么是机器，但却不能定义什么是智能。不同时期的计算机科学、人类学、系统科学、脑科学等诸多不同领域的研究者，根据各自领域的研究成果也对人工智能做出了诸多定义。本书根据我国2017年7月颁布的《新一代人工智能发展规划》中对“新一代人工智能”的描述，将人工智能定义为建立在大数据基础之上，受脑科学启发的类脑智能机理综合起来的理论、技术、方法形成的智能系统。

当前，研究人员通常根据智能程度的不同，将人工智能分为三类：弱

① 达特茅斯会议（Dartmouth Conference）被公认为是人工智能的起源，达特茅斯会议基于符号逻辑的演绎系统，认为“人工智能”是用计算机模拟人的逻辑思维。

人工智能（Artificial Narrow Intelligence，ANI）、强人工智能（Artificial General Intelligence，AGI）和超级人工智能（Artificial Super Intelligence，ASI）[①]。弱人工智能是基于大量数据积累，按照设定好的标准流程，可以深度处理专门任务。强人工智能则能够理解信号与数据的意义，并具备人类所有或大多数的能力，目前人工智能还未发展到强人工智能阶段，国际上普遍认为强人工智能的成熟应用还需要30年左右时间。超级人工智能则是“在几乎所有领域都比最聪明的人类大脑都聪明很多，包括科学创新、通识和社交技能”[②]。目前，人工智能技术处于从弱智能到强智能的过渡阶段，现阶段的人工智能具有以下五个基本特点：

（1）大数据驱动。依托越来越多的传感器和移动终端，人工智能将在海量数据资源的基础上，通过深度学习，实现智能化程度的跃升。

（2）多领域深度融合。在智能互联时代，只有不断地跨平台跨行业，实现多领域深度融合，才可以不断优化提升决策，提高智能系统的可解释性、鲁棒性[③]和通用性。

（3）人机智能融合。现有的人和机器的单向性理解将逐步变为双向性，人的优势和机器的优势将重新组合，人类智能与机器智能相互赋能增效形成一种新的智能形式。

（4）群体智能凸显。以网络平台为纽带，以大数据、物联网、云计算等新一代通信技术为助力，社会化深度连接正在逐步形成，无数个人智能得以集聚融合形成群体智能，提供了一种在复杂开放情境下的即时最优解

---

① 将人工智能划分为“弱人工智能”和“强人工智能”是由美国著名哲学家约翰·塞尔（John Searle）在“心灵、大脑与程序”一文中提出的，“超级人工智能”的概念是由牛津大学人类未来研究院的院长尼克·波斯特洛姆（Nick Bostrom）在《超级智能：路径、危险性与我们的战略》一书中提出。

② 尼克·波斯特洛姆. 超级智能：路径、危险性与我们的战略［M］. 北京：中信出版社，2015.

③ 鲁棒性（Robustness）可理解为系统的健壮性，指控制系统在异常和危险情况下，维持某些性能的特性。

决办法①。

（5）自主性增强。伴随自主无人系统的研发推进，自主无人系统的智能化水平提高将更能够体现人类特征②，人工智能的自主性将进一步加强。

总结来说，现阶段的人工智能是一种“赋能化智能”，即人工智能技术正在引致技术链式突破，改善经济社会发展所需要的一些技术条件和发展功能，推动不同领域从数字化、网络化向智能化加速跃进，促进金融业、制造业、医疗业、家居业等不同产业的智能水平提升。

（二）人工智能发展阶段

人工智能并不是一个新概念，发展至今已经有60多年时间，按照时间脉络和技术重点划分，可以将人工智能划分成三个主要阶段。

1. 人工智能1.0阶段

20世纪50~70年代是人工智能发展的第一个阶段，我们称之为人工智能1.0阶段。这一阶段，研究者认为只要机器被赋予逻辑推理能力就可以实现人工智能，属于人工智能的“逻辑推理”阶段。人工智能1.0阶段的核心是符号推理与机器推理，即用符号表达的方式来研究智能、研究推理，奠基人是希尔伯特·西蒙（Herbert Simon）。人工智能1.0阶段为以后的人工智能发展奠定了坚实的基础，具体体现在：一是形成了人工智能的基本概念。二是集中诞生了许多基础理论，确立了人工智能发展的基本规则。三是明确了人工智能的发展本质：模拟人脑学习、推理、归纳总结、决策过程的计算机算法。四是诞生了基本的人工智能技术开发工具，计算机与编程算法在这一阶段相继出现，从技术层面为以后人工智能的研发工具的升级打下坚实基础。

---

① 李未，吴文峻．群体智能：新一代人工智能的重要方向［EB/OL］．http：//stdaily.com/index/kejixinwen/2017-08/03/content_564559.shtml.

② 吴澄．中国自主无人系统智能应用的畅想［N］．光明日报，2017-07-13.

达特茅斯会议之后，众多研究者将极大的热情投入到算法程序和计算机语言方面的相关研究，新兴的计算机也被广泛应用于数学和自然语言领域，在解决代数、几何、物理、语言等问题方面展现出显著优势，人工智能研究的第一次浪潮由此掀起。然而，受限于当时计算机性能和数据资源的严重不足，使得人工智能的研究项目难以取得突破性进展，因此人工智能1.0距离智能化应用还有很大差距。

2. 人工智能2.0阶段

20世纪70年代至2006年左右是人工智能发展的第二个阶段，我们称之为人工智能2.0阶段，这一阶段，研究者认为只要机器能学习知识就可以实现人工智能，属于人工智能的“知识学习”阶段。人工智能2.0阶段的核心是神经元网络与深度学习，实现类人神经系统进行信息处理，奠基人是马文·明斯基（Marvin Minsky）。人工智能2.0阶段对当前的人工智能热潮有着重大影响，主要是BP算法的提出，使得多层人工神经元网络（Artificial Neural Network）的学习变为可能，这也是当前人工智能研究的主流：模仿大脑的神经元之间传递、处理信息的模式。

多层人工神经元网络和BP训练算法的提出，使得人工智能发展重新出现曙光，出现了语音识别、语音翻译计划。然而，由于神经元网络解决单一问题可以，解决复杂问题不行，因此很多人工智能应用仍然处于设想阶段，第二次浪潮又破灭了。

3. 人工智能3.0阶段

2006年至今是人工智能发展的第三个阶段，我们称之为人工智能3.0阶段，这一阶段是人工智能2.0阶段的直接延续，其核心是基于互联网大数据的深度学习，属于人工智能的“数据挖掘”阶段。当前人工智能发展具有四大有利条件：一是计算机性能的大幅度提升，尤其是计算机处理器设计上的不断改进，带来了计算力上的进步和突破，为人工智能技术的发展提供动力支撑；二是卷积神经网络（Convolutional Neural Network）领域的快速发展，卷积神经网络是人工神经网络的一种，是当前语音分析和图像识别领域的研究前沿；三是大数据技术的迅猛前进，大数据是人工智能的关键性基础，近年来大数据技术的突飞猛进，使得数据呈现指数级的增长，海量的训练数据助推人工智能不断提升；四是深度学习（Deep Learning）技术的发展，深度学习是人工智能发展的重要领域，机器能够通过大量数据分析，从而自动学习知识，帮助计算机理解大量图像、声音和文本形式的数据。目前，人工智能技术在实验室条件下很多已经达到了非常好的成绩，然而，由于外部实际条件比实验室环境要复杂和恶劣得多，需要处理各种异常和干扰因素，从实验室走向实际应用，需要克服的问题很多，还有很长的路要走。

人工智能技术在过去60多年的发展过程中历经数次大的峰谷轮回，在神经网络、大数据、深度学习和计算力条件成熟的条件下，人工智能开始真正解决问题，切实创造经济效果。人工智能也再次站在了引领人类科技潮流的风口上，成为全球主要大国之间的竞争焦点。我国人工智能技术研究和商业应用都取得了很大进展。2017年，国内人工智能技术层方面的研究主要集中在计算机视觉、自然语言处理以及机器学习等方面（见图3-9），在关键的深度学习方面，我国在深度学习领域发表的论文数量已经超过了美国。同时，据美国调查公司CB Insights的数据显示，创业不久的中国人工智能（AI）相关企业2017年融资额已超过美国，首次跃居全球首位。

（三）人工智能对金融信息服务的影响

当前，人工智能最显著的应用是通过大数据分析、机器学习和神经网络等技术将无直接价值的海量繁杂数据转化为有直接价值的信息，而金融

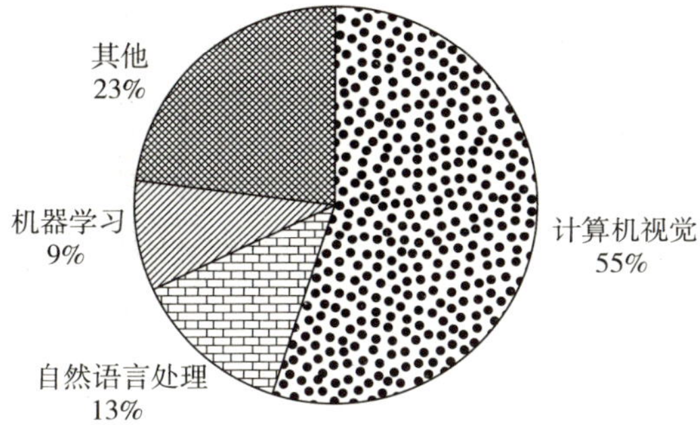

图 3-9 国内人工智能技术层研究占比①

信息服务在业务开展过程中已经积累并不断生成海量数据，具备应用人工智能的天然优势。因此，人工智能对金融信息服务的影响将是全面而深刻的，会成为其行业变革的触发器，对其服务能力、服务效率、服务成本、服务边界以及风险防范与化解产生巨大影响。

1. 人工智能提升金融信息服务能力

在传统技术模式下，受人力资源和数据处理能力的影响，金融行业往往只能对少数高净值客户提供定制化服务，而对绝大多数客户仅提供标准化服务。人工智能的兴起，可以通过信息技术赋能金融信息服务，对处于服务价值链高端的金融将带来深刻影响，使得大规模个性化定制服务得以实现，极大地提升服务体验。新一代人工智能提高金融信息服务的能力主要体现在三方面：

（1）提升数据的挖掘与分析能力。长期以来，金融行业沉淀了海量、异构的“沉睡”数据，包括各类金融交易、客户信息、市场分析、风险控制、投资顾问等，为机器学习提供了足够的训练样本，增添风险管理与交易方面的处理能力，通过运用人工智能的深度学习系统，提升金融信息服务的及时性和精准性。

① 资料来源：淡马锡旗下 Vertex 发布的《2017 年中国 AI 产业生态报告》。

（2）市场的行情分析与预测能力。通过深度学习技术从海量交易数据中学习规则，预测交易变化趋势，为客户和机构提供交易安全保障。

（3）客户的需求分析及服务能力。面对复杂的经济市场环境及繁多的金融产品与工具，普通消费者很难做出好的投资理财选择。人工智能技术能够重新解构金融服务生态，简化业务流程，改变现有人与信息系统的交互方式，更加主动地判断单个客户的需求，并根据客户的信用能力为其选择适合的金融产品和服务。因此，金融机构可通过人工智能技术精准应对客户需求，批量为特定客户提供个性化、定制化的金融信息服务，从而有效提升服务体验。

2. 人工智能提高金融信息服务效率

人工智能发展的使命不是替代人类工作，而是全面普及提升人的工作效率。人工智能促使金融与科技的深度融合进入到一个全新阶段，提升金融机构服务效率的同时，更实现了传统金融服务的智能化、个性化和定制化。人工智能可以极大地提高金融信息服务流程效率：

（1）在前端，人工智能解决了原本需要进行手工操作的大量繁杂工作，极大地提高了金融相关内容和资源的整理效率。进入移动互联网时代后，商业公司对数据的需求从未变得如此庞大，但整理这些大量非结构、无逻辑的数据是一件烦琐且困难的工作，但这恰巧是人工智能的强项。例如，摩根大通利用 AI 开发了一款金融合同解析软件 COIN，原先律师和贷款人员每年需要 360000 小时才能完成的工作，COIN 只需几秒就能完成。

（2）在中端，人工智能大大提高了金融数据处理效率。面对复杂烦琐的信息，相对于人类，人工智能将更加稳定、持续和及时，伴随大数据处理技术的不断提高，存储利用的全流程效率也会提高。例如，华尔街独角兽公司 Kensho 借鉴 Google 的信息处理方法分析资本市场，设计出了 Kensho 人工智能平台，能够让任何用户，都可以像在谷歌进行搜索一样，只要在文本框里输入问题，就能获取相应的答案。

（3）在后端，以自动化、智能化的算法为投资者提供服务，降低公司获客成本、减少投资者支出与风险、提升投资者体验等，提高整体决策效率。例如，成立于2010年的美国Narrative Science公司致力于通过多重数据源为用户自动生成可读性文本，Narrative Science旗下的人工智能系统Quill平台可以根据股票的行情走势，为投资人和监管者撰写极具深度的分析报告，成为重要的金融信息服务提供商。

3. 人工智能降低金融信息服务成本

人工智能技术不断精进，逐渐从实验室走向生活领域，不断渗透到各行各业中去，其中金融行业是受到冲击最大、影响最深的领域之一（见表3-1）。目前国内外有不少金融机构都在尝试使用人工智能来代替传统的人工操作，可以大幅度降低金融信息服务成本：

（1）有效降低人力成本，可以大幅削减金融信息服务流程中的重复性工作岗位，如信用评估、银行贷款、个人金融、量化投资等。深度学习在算法上的突破则掀起了人工智能浪潮，从而推动了计算机视觉、机器学习、自然语言处理、机器人技术、语音识别技术的快速发展，使得人工智能系统处理复杂任务的分类准确率大幅提升。2000年高盛公司在纽约总部的美国现金股票交易柜台雇用了600名交易员。但由于人工智能技术的发展，2017年这里只剩下了两名交易员。

（2）有效降低营销成本。凭借人工智能技术，通过用户画像和大数据模型，金融信息服务可以更加快速有效地提供给用户和社会，实现信息内容的精准触达和用户需求的充分挖掘。

（3）有效降低运行成本。人工智能改变了传统的金融信息服务运行模式，新的运行模式具有平台化、非网点、轻资产、重数据等多重特性，可合理减少中间环节，有效拉近了和客户的距离，尽量减少人为干预，实现大量操作过程的自动化，充分赋权客户。

表 3-1 人工智能在金融信息服务方面的典型应用

应用领域	应用功能	代表公司
信用评估/直接贷款	人工智能技术进行信用评估	Upstart/Affirm
个人金融/金融助理	智能自动化、金融业务自动化	Work Fusion/Sherpa
量化和资产管理	人工智能算法、投资策略	Cape Analytics
保险服务	机器学习与大数据分析融合起来，提供更加精准的信用评分	Zest Finance
情绪分析/人脸识别	情感人工智能：利用情感识别技术将情感智能带入数字世界	Affectiva/Sense Time
数据处理	大数据商业智能	Trifacta
决策优化	神经网络、社会网络分析、非结构化数据聚合	Cognitive Scale
预测分析/风险投资	机器学习模型	Numerai/Merlon Intelligence
监管、合规和欺诈识别	数字身份验证解决方案	Socure/Onfido

资料来源：CB Insights 发布的《2018 年全球人工智能公司 TOP 100》。

4. 人工智能拓展金融信息服务边界

移动互联网的兴起，打破了金融信息服务在时间和空间上的制约，极大地扩展了服务边界。人工智能则进一步释放了金融信息服务业的发展潜力，从广度和深度两个方面拓展服务边界。从广度上看，人工智能促进了金融信息服务业运营成本的下降并由于运营模式的变革，使得金融信息服务边界朝着普惠化方向发展。以往受到技术能力和成本限制，金融信息服务业多倾向于高端客群，而通过人工智能技术则可以向更多普通客户提供更多人性化、个性化的服务，让更多的群体享受到金融信息服务；从深度上看，通过人工智能技术挖掘和匹配更多客户的全新需求，降低客户需求成本，将使金融信息服务业获得更多价值创造机会。

5. 人工智能强化金融信息服务风险防范与化解能力

金融是现代经济的核心，金融风险尤其是系统性金融风险危害巨大。目前，金融风险监管信息化虽然取得了显著的进展，但仍然是金融信息化应用的薄弱环节。人工智能的应用可以将金融风险预警能力提高到崭新的水平，强化金融信息服务风险防范与化解能力，主要体现在：

（1）增强客户电子身份信息验证能力。2012 年创立的 Socure 公司是一家专注于实时数字身份验证解决方案的行业领导者，通过其领先的社会性生物特征验证技术涉及人工智能和机器学习算法，使用来自消费者数码足迹的可信任数据，包括社交媒体，可以精确高效同时实时地验证消费者的身份信息。

（2）增强金融预测反欺诈能力。深度学习技术可利用海量金融交易数据，优化改进传统金融的反欺诈风控模型，自动识别欺诈交易行为，对欺诈行为进行即时拦截和预先处理。

（3）增强风险防范服务能力。虽然金融机构积累了大量客户的个人信息和交易信息，但传统金融的风险处理系统并不能处理这些信息。人工智能将融合大数据、云计算技术，对数据信息的收集、识别、判断实现实时处理。由此，用户的日常金融行为可被迅速数字化收纳到银行的数据池中，经过人工智能的即时处理，对个人信用产生边际影响，最终形成客户的自我征信体系，防控潜在风险。

（四）人工智能在金融信息服务方面的应用类型

人工智能对金融行业的渗透不断加深，整个金融领域正在发生一次根本性变革。金融信息服务业态也被深度卷入这场科技革新的浪潮中。当前，人工智能在金融信息服务方面的主要应用类型有智能投顾、智能量化、智能客服、金融预测与反欺诈、投资决策和授信融资。

1. 智能投顾

智能投顾（Robo-Advisor）[①] 起源于美国，是基于现代投资组合理论（MPT），依托人工智能技术和大数据分析技术，根据客户个人偏好和预期收益而自动计算并提供组合配置建议的一种新兴投资模式，预计到 2020 年全球智能投顾行业资产管理规模将接近 16000 亿美元（见图 3-10）。智能投顾在华尔街快速崛起并逐渐成为大众投资的主流方式，据德国统计公司 Statista 测算，未来 5 年中国智能投顾资产管理规模及覆盖人数的年复合增长率均超过 100%。

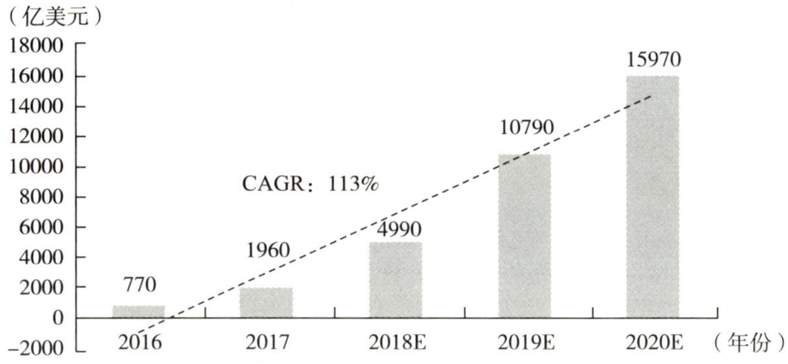

图 3-10　2016~2020 年全球智能投顾资管规模预测

资料来源：My Private Banking Research.

伴随金融市场的不断深入发展，金融产品层次、交易工具和交易策略的复杂性也日渐增加，普通投资者越来越难以跟上市场的步伐，因而，对专业投资顾问服务的需求量日益增加，但受传统金融信息服务能力的限制，传统投顾方式无法满足大众投资者的投顾需求。人工智能的崛起，打破了这一投顾市场上的供需不平衡。与传统投顾的算法交易和量化投资相比，

① 澳大利亚证券投资委员会在 2016 年 8 月 30 日公布的一份针对智能投顾的监管指南中使用了“数字建议”（Digital Advice）一词。与智能投顾相关的其他名称包括“自动化的投资顾问”“自动化的投资管理”“在线投资顾问”和“数字投资顾问”。

智能投顾显著地提升了投顾的服务能力，具有四方面显著的竞争优势：

（1）体验感良好。根据投资人的风险承受度与预期收益不同，提供服务快速、便捷、个性化的最优资产配置方案，对于“与科技一同成长”的新一代人来说，可以获取良好的服务体验感。

（2）进入门槛较低。传统的人工投顾服务由于成本较高，因此通常对客户有最低的资金门槛要求，智能投顾则以一系列算法代替昂贵的基金经理、管理费用，且服务具有可复制性，可以有效降低进入门槛，让更广大的普通投资者享受投顾服务，增加长尾市场覆盖范围。

（3）人为因素较少。智能投顾则是通过机器深度学习，凭借大数据技术的理性分析，减少了人为因素的干预，得出最佳投资建议。

（4）道德风险较低。传统的投资顾问通常根据交易的频次来获取更多佣金，因此投顾服务双方存在潜在的利益冲突。智能投顾面向巨大的长尾市场，盈利模式发生改变，且服务过程透明度大大提升，可以有效降低服务供给方的道德风险。

智能投顾作为一种将在国内金融市场兴起的智能服务模式，能为投资者构建多元化的投资组合及自动化的资产配置，但其本质上仍是一种投资顾问服务，在发展中也面临一些瓶颈，主要表现在两方面：一方面，监管问题，智能投顾作为一种新兴的投资模式，现阶段法律监管相对滞后，监管不到位则难以切实保障投资者的权益；另一方面，恶意推荐风险，尽管有智能系统自动推荐，但智能投顾的源头仍然由人来设定操控，仍不能排除设定人员在利益诱导下，恶意向投资者推荐不良理财产品的风险。

2. 智能量化

量化交易兴起于20世纪70年代，是一种主要依托计算机技术、金融工程、数学模型等手段协助投资者进行决策的一种投资方式，这种方法的开创者是世界级数学家詹姆斯·西蒙斯（James Simons）①。长期以来，量化交易一直是利用计算机对海量数据进行分析，海选出能够带来超额收益的多种“大概率”事件以制定投资策略。人工智能的兴起，让量化交易在技术处理和数据分析上进一步得到提升，量化模型更加完善（见图 3-11）。智能量化的优势主要体现在：

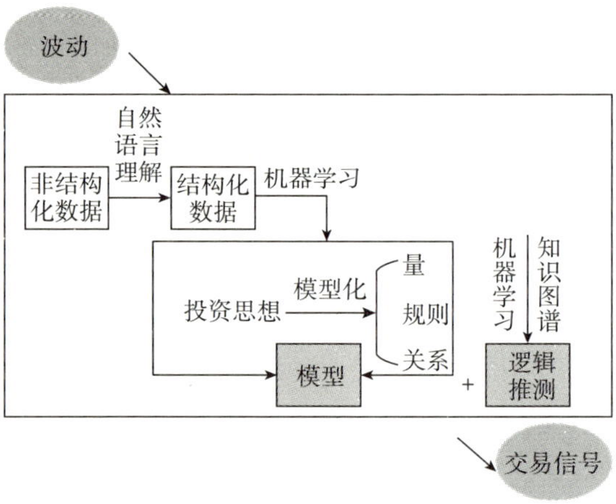

图 3-11　人工智能技术在量化交易中的应用

资料来源：亿欧智库。

一是利用知识图谱技术，从知识关联的角度进行分析，分析市场动态、资金流向、公司基本面等信息之间的关系。建立起不同数据间、股票间、股票与信息间的动态关系模型，可以即时追踪网络信息热度变化来分析股票下一步的走势。

二是利用机器学习技术，对构建的金融模型进行参数训练，自动优化模型参数。金融市场瞬息万变，机器学习可以对历史数据和即时生成的数据进行学习，可以更高效地应对市场波动。

① 丁鹏．量化投资——策略与技术（修订版）[M]．北京：电子工业出版社，2012.

三是利用自然语言处理技术，解析大量非结构化数据，扩展量化模型使用范围。当前，金融市场的信息传播途径已经发生改变，很多信息存在于社交媒体和社会舆情中，形成了大量非结构化数据，自然语言处理技术可以即时解析非结构化数据，既增加模型数据资源，又能优化模型参数。

3. 智能客服

智能客服是基于大数据分析技术、深度学习和语言处理技术，在超大规模信息处理基础上发展起来的一项为企业与海量长尾用户之间建立的一种快捷交流方式，腾讯的微金小云客服是智能客服的典型代表（见图 3-12）。人工智能对传统金融信息服务模式产生了深刻影响，智能客服已经成为金融领域的典型应用场景。在日常客服工作中，客服与用户之间的对话内容大部分都是重复的，且常常集中于某些特定问题，因而可使其成为自然语言处理和智能客服机器人的最佳应用场景。智能客服可以解决用户的大部分问题，面对不确定问题时再由人工客服进行解答。人工智能机器人可以全天候应对客户的咨询，可以达到实时服务、快速高效、稳定精准的效果，实现 7×24 小时智能应答。据蚂蚁金服 2017 年发布的数据显示，支付宝智能客服的自助率已经达到 96%~97%，智能客服的解决率达到 78%，比人工客服的解决率高出了 3 个百分点。在客服效率和用户体验双重提升的同时，也进一步降低了人力成本。以招商银行为例，每天上百万次的交互量，需要 2000~3000 人的客服队伍，而使用智能客服后，只需要 10 个人左右的维护团队。同时，通过智能客服机器人与大量长尾用户的沟通交流，可以发掘出用户的更多需求，对金融信息服务过程进行升级，或者开发新的服务或者产品。

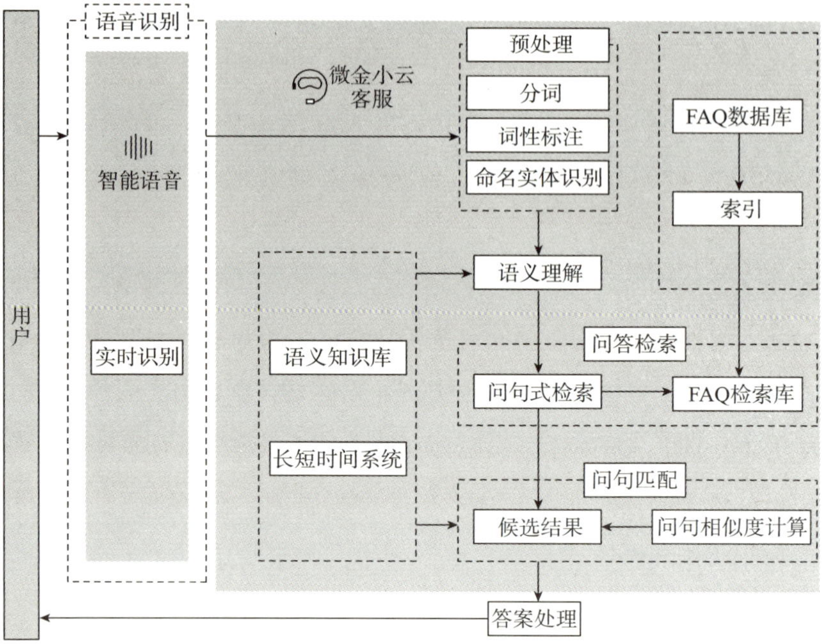

图 3-12 微金小云客服①

4. 金融预测与反欺诈

当前，移动互联网正不断渗透到人们的日常生活中，网络欺诈行为也呈现出移动化、扩大化趋势。据芝麻信用 2016 年披露的数据显示，消费金融、互联网金融公司坏账超 50%来源于欺诈。与此同时，以经验判断为依据的反欺诈模型对于用户规模以千万级、亿级为单位的小额信贷平台已经难以适用。人工智能的出现弥补了这一不足，具体表现在四个方面：

（1）对用户信用进行评价。融合大数据、云计算技术，将用户的日常金融行为中大量的交易数据和非结构化数据迅速数字化并存入数据库中，经过智能系统的即时处理，建立模型对用户进行全方位画像，进而形成用户的信用评价。

① 微金小云客服是微众银行借助腾讯云推出的基于云计算的 SaaS 智能机器人云客服产品，为其用户提供在线智能客服服务。

（2）对用户行为进行预测。利用计算机对海量以及高频次交易数据进行处理的能力，采集用户个人信息、行为信息和交易习惯，判断用户电子身份真伪、风险承受能力、还款意愿与能力、还款周期等，对用户行为进行全面预测。

（3）对风险点进行规避。智能平台通过多维度获取用户交易数据、网络留存信息、行为数据，依据模型评分结果对用户进行评级、评估，运用知识图谱监测数据中的不一致性，规避风险点。

（4）对欺诈行为进行拦截。大规模采用机器学习分析海量金融交易数据，使用深度学习技术，从金融数据中自动识别欺诈交易行为的共性特征，对符合一定特征的交易行为进行实时拦截，以降低风险。

5. 投资决策

在投资机构和投行部门中，日常的工作如资料整理、数据分析、报告撰写等，往往占用了大量的时间和精力，而在处理海量的数据信息时，机器学习的天然优势得以发挥：处理更多的输入信息、考虑更全面的信息、达到更高的效果上限。具体来说，人工智能在投资决策方面的优势表现在：

一是在短期和中期决策中具有明显优势。根据摩根大通 2017 年 5 月发布的一份报告显示，人工智能最适合在短期和中期做出交易决策，“机器可以快速分析新闻源，处理收益报表，搜索网站，并瞬间完成交易”，而在长线投资中“人类仍然会保持自己的优势”。[①]

二是能够更好地发挥历史数据的辅助作用。人工智能可以根据收集到的市场历史数据，挖掘出数据中所蕴含的规律并进行预测分析，分析判断企业的成长性，从而辅助投资决策。一个典型案例，美国最大的信用卡公司第一资本投资国际集团（Capital One）的两名员工，利用公司历史数据，分析了超过 170 家上市零售公司的信用卡消费情况，并据此预测这些公司的营

① 摩根大通．大数据与人工智能战略：机器学习和其他投资数据分析方法［R］. 2017.

业收入，然后提前购入看涨期权或看跌期权，三年内投资收益率高达 1800% 。

三是投资决策更加科学和理性。人工智能算法带来的一个巨大的优势是在决策中可以回避人的主观因素干扰，如性格、情感、偏好等因素，保持稳定、客观、理性的投资态度。市场的波动必然对普通投资者产生心理冲击，进而对投资决策产生影响，导致一些非理性决策的出现。人工智能方法则不会受到市场波动的剧烈冲击，市场的波动会转化成客观的数据，算法会一致地贯彻既定的交易策略。

6. 授信融资

授信融资是指金融机构给予用户一定的信用额度，在这一额度内，用户向银行借款可以减免一些检查程序，这项工作过去大多由人工完成（见图 3-13）。人工智能的兴起改变了这一业务：

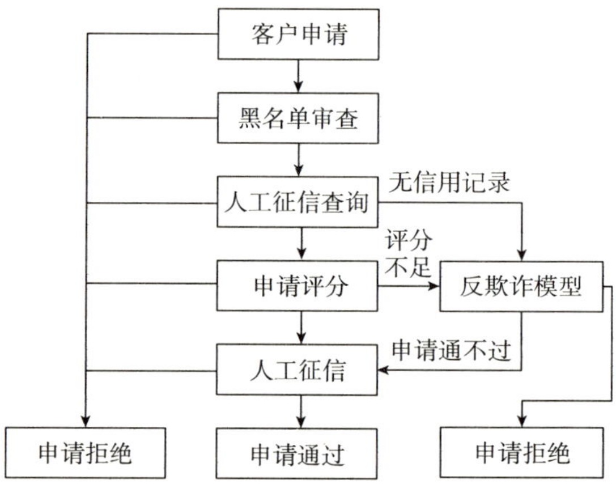

图 3-13　传统信贷审批流程

一方面，智能平台对用户信用进行评价，以决定检查程序的自动化程度。智能系统通过提取个人及企业在其主页、社交媒体等地方的数据，并基于用户提交的个人信息和历史交易数据，对用户信用水平进行评价，进而判定哪些检查程序由智能平台自动决定。以蚂蚁金服为例，在花呗与微贷业务上，使用机器学习把虚假交易率降低了近 10 倍，为支付宝的证件审核系统开发的基于深度学习的 OCR 系统，使证件校核时间从 1 天缩小到 1 秒，同时提升了 30%的通过率。

另一方面，通过机器学习对借款用户进行实时跟踪监督，防范信贷风险的发生。由于缺乏有效的技术手段，传统金融机构难以做到对借款人还贷能力的实时追踪，从而无法掌控借款人的还贷行为。借助机器学习和机器视觉，可以对借款客户的行为进行全天候监控，有效降低无法还贷风险的发生。

（五）人工智能在金融信息服务应用中的主要瓶颈

当前，由于人工智能本身处于技术发展初期，加上我国金融信息服务业自身发展的不足，造成人工智能在金融信息服务应用方面存在一些瓶颈。

1. 人才瓶颈

从全球范围看，人工智能已经正式成为巨头们的新战场。2018 年初，微软、亚马逊、谷歌、Facebook、苹果等 IT 巨头发布的 2018 年年会主题均是人工智能，并相继建立 AI 实验室，围绕人工智能领域的竞争归根结底是人工智能专业人才的竞争。据腾讯研究院和 BOSS 直聘 2017 年联合发布的数据显示，全球 AI 领域人才总数约 30 万人，而目前市场的需求则在百万量级，AI 人才供应存在很大缺口①。在当前，推动人工智能技术发展有诸多因素，包括资金、数据、计算能力等，然而“人才”始终是人工智能发展的关键。人工智能作为新兴的前沿科技，专业人才极其稀缺是短期内难以改变的现状，因此这也是当前人工智能在金融信息服务应用方面遭遇的最大瓶颈。

2. 算力瓶颈

2006 年，深度学习算法获得突破后，让大众看到了人工智能崛起的曙光。然而，人工智能在技术发展当中面临的算力瓶颈仍然存在，当前计算

① 腾讯研究院和 BOSS 直聘．全球人工智能人才白皮书［R］．2017-12.

机虽然计算能力很大，有千万亿级甚至百亿亿级的，但现在处理结构带来了很多新瓶颈如学习效率问题①。以 2016 年 3 月的人机大战为例，AlphaGo 与李世石对弈时，谷歌调用了上千台服务器资源。人工智能的计算能力还不够，具体需要提升两方面能力：一方面，用单位价格能买到的技术能力，只有单位价格下降，需要人工智能能够广泛地应用，才能把价格降下来，才能做到万物智能；另一方面，在单位功耗下取得一定的计算能力，金融领域本身就具有高密度数据，近年来算法领域也取得了很大进步，然而，算力瓶颈导致人工智能在金融信息服务业的应用也受到限制。金融信息服务活动中有许多偏重复性、偏体力性的劳动或者缺乏创造性的劳动，其中大部分活动未来将被人工智能替代，而替代过程发生的关键则是现有算力水平的提升。

3. 数据瓶颈

近年来，我国金融信息服务业高速发展，积累了海量数据资源，但由于标准体系建设滞后和规范缺失，造成我国金融信息服务相关数据的标准化程度较低、质量水平不高，不同金融机构之间的互操作性非常低，“碎片化”和“数据孤岛”状态较为普遍，因而金融信息服务业缺乏高质量的数据集。当前，算法和开发工具的获得较为方便，而大规模、特有的数据集则极缺。机器学习模型需要接受大量数据的训练以确保它们的准确性，高质量数据集的缺失无疑限制了人工智能在金融信息服务业的应用。

（六）促进人工智能在金融信息服务业应用的对策建议

借力人工智能进一步释放价值，在下一代科技革命中实现弯道超车，是我国金融发展的最重要课题之一。加速推动人工智能引领的金融业变革，推进人工智能在金融领域落地发展，促进人工智能的深入应用是我国金融

① 怀进鹏．人工智能仍有计算瓶颈　智能汽车值得关注［EB/OL］．光明网，http：//tech.gmw.cn/2016-08/29/content_21691598.htm.

信息服务业发展的重点之一，对此提出如下对策建议。

1. 推动人工智能在金融信息服务业应用与实践

当前，人工智能仍处于较为初始的发展阶段，众多技术难题亟待突破，大多仍处于萌芽状态。因此，要结合现阶段人工智能技术发展的成熟度和应用难度，充分考虑金融信息服务业的业务重心与发展趋势，针对金融信息服务存在的难点与痛点问题，坚持“全面推广，重点突出，逐步推进”原则，加大人工智能相关技术布局和研发，大力推动人工智能技术在金融信息服务业的应用与实践，具体应从三方面入手：

首先，优先推动语音识别、自然语言处理等较为成熟的人工智能技术，提升金融信息服务业场景智能识别程度，推动业态“轻资产、重数据”转型。

其次，着重推广应用机器学习、神经网络技术等正处于探索阶段的人工智能技术，积极掌握技术发展的动态与前沿趋势。

最后，侧重发展基于知识图谱、生物特征识别等技术的场景应用，加强金融信息服务业的自我优化和风险管控。

2. 加强人工智能人才培养

人工智能领域的竞争主要体现为人才之争，从整体情况看，我国在人工智能领域人才较为缺乏，具体到金融信息服务业，人工智能型人才就显得更加稀缺。因此，需要加强人工智能人才培养：

一是积极储备建立核心技术人才培养体系，加强专业开发人员、数据科学家、基础设施架构师等专业人才的引进与培养，加强企业和学术界的人才流通，打造坚实的人才基础。

二是培养人工智能与金融交叉复合型人才。应制定人工智能与金融交叉复合型人才培养计划，优先引进熟悉人工智能又了解金融领域的专业人才，加快复合型人才队伍建设。

三是推进产学研合作的新培养模式，发挥领军企业的人才培养作用。

鼓励金融机构创办研究机构，与一流高校和科研单位联合建设实验室，培养人才。

3. 加快金融信息服务业数据标准化工作

标准化水平是影响数据质量高低的重要因素，高质量数据集是人工智能深度应用的关键，因此金融信息服务业需要加快建立一套完备的数据标准体系。

一是要成立数据资源管理机构，设置数据运营官岗位，转变传统数据中心以技术支撑为主的状况，加强数据资源的统一管理与开发利用。

二是要根据国家在信息服务、信息安全、数据管理等方面的标准规范，实施数据标准化建设与管理。

三是建立数据标准化工作制度，强化数据标准化在整个数据治理体系中的作用，不断形成数据标准化的思维理念，逐步制定其数据标准化的工作规范，推动金融信息服务业数据标准化工作。

4. 加强智能金融监管力度

人工智能的兴起，一方面将对金融信息服务产生颠覆性变革，另一方面也给行业监管带来了全新的挑战。金融信息服务发展关系到用户隐私和财产权益保护，也关系到企业发展和新兴产业的培育。因此，应提前制定具有前瞻性和强约束力的行业监管。

一是要借助互联网金融科技提升风险的防控、识别和应急处理能力，对用户进行风险承受力全面评估，从业务上提升金融信息服务安全性。

二是要充分利用人工智能领先企业的技术优势，持续深化与监管部门合作，输出金融科技能力，既要让金融信息服务更加安全，还要发挥信息在防范金融风险中的作用。

三是要借鉴国外监管经验，保证监管的灵活性。如参考英国、新加坡等沙盒监管（Regulatory Sandbox）方式，在促进金融创新的同时，将金融风险限制在特定范畴之内，即在确保投资者权益的前提下，允许机构将人工智能在金融信息服务业的应用迅速落地运营，然后金融监管部门根据这些业务的运营情况，再决定是否予以推广。

二、大数据对实体经济转型升级的影响

大数据与实体经济深度融合路径是指大数据与实体经济之间相互渗透、相互交叉并最终衍生出产业新业态的全过程，即大数据推动实体经济转型升级，实体经济促进大数据落地生根，两者从开始接触到最终形成新业态的各种途径。通常，大数据与实体经济深度融合路径主要包括技术融合、产品融合、业务融合和产业融合四个方面，四条路径并非彼此孤立，而是相互包含、相互作用、相互促成，合力推动大数据与实体经济深度融合，如图 3-14 所示。

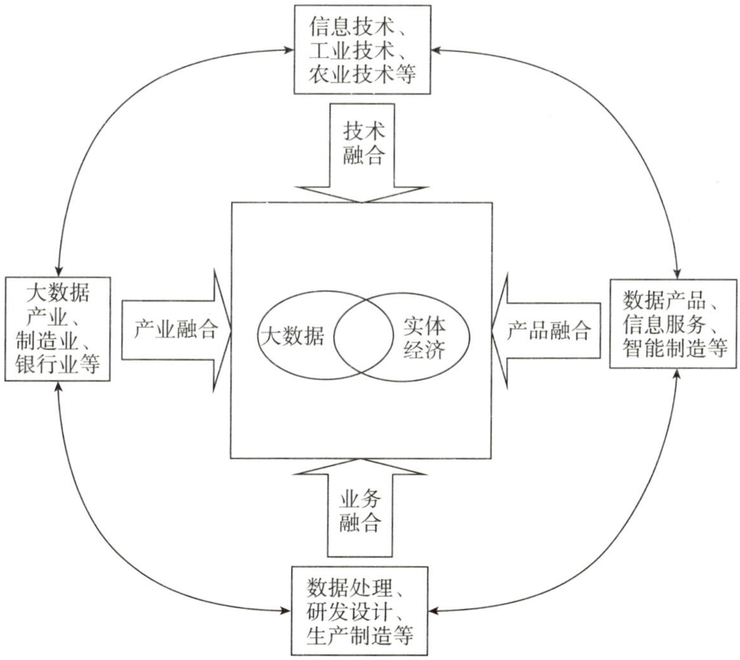

图 3-14 大数据与实体经济深度融合路径

（一）技术融合

技术融合是指大数据技术与其他产业技术之间融合，推动技术创新发生，催生更多的新技术。一方面，大数据本身具有极强的创新性，大数据技术本身代表新一代信息技术前沿，技术研发密度高，创新空间巨大，容易产生更多可以应用于实体经济的最新科研成果；另一方面，大数据技术的应用性强，大数据技术具有高效的数据获取、存储、处理分析能力，能够将海量数据中隐藏的知识和规律挖掘出来，推动不同产业技术效率的提升。例如，波音公司就将大数据技术与飞机故障诊断技术相融合，使得故障预测成为可能。飞机系统通常包括发动机、燃油系统、液压和电力系统等数以百计的变量，通过传感器、物联网技术，这些变量数据不到几微秒就被测量和发送一次，通过大数据技术高效分析，可以实现即时的故障诊断。并且，挖掘这海量的工程遥测数据，通过大数据的模拟仿真可以实现故障的动态性预测。

技术融合的本质是不同技术之间通过重新组合发生化学反应，充分发挥不同技术的互补性，极大地提高原有技术效率或实现更全新的业务功能。当前，我国处于产业结构转型升级阶段，大数据将成为助推这一过程的重要利器。大数据技术与不同产业技术的深度融合，是基础技术架构的融合创新，大数据进入各行各业的“五脏六腑”，全面渗透到企业的设计、生产、加工、销售等各个环节，打通各行各业的“七经八脉”，以数据流重塑传统业务流程，从微观层面为企业提供更加有效的数字工具。当前，大数据技术与其他产业技术融合主要有两种类型：

一类是显性融合，即大数据技术和其他技术有明显的技术共性特征，重新组合产生新技术可以预见将比原有技术有更高效率或者能够解决更多现实问题。例如，大数据技术与传统农业技术相融合，在生产环节，与气象技术、种植技术等相结合推动农业精细化和品质化，在流通环节，与物流技术、信息平台相结合，实现农产品的全程可追溯。

另一类是隐性融合，或者潜在融合，即大数据技术与该技术之间没有明显的技术共性特征，但融合之后会带来技术跃迁或突破性解决方案。例如，传统企业“老干妈”试水大数据，通过大数据技术对消费者口感数据进行分析，进而保证产品研发的市场适应性，而在此之前，很多人无法想象老干妈这种传统食品企业会利用大数据技术。

（二）产品融合

产品融合是指大数据产品或者服务渗透到其他产品中，弥补原有产品在功能上的不足或增添全新的功能，同时，增加产品的“数据分析”含量。产品融合可以更好地满足用户对产品的需求，提升产品体验感，增强企业的市场竞争力。典型应用，如传统的金融服务与大数据融合之后，传统金融业务如风险控制、行情预测、智能客服等都得到极大提升，同时，借助于大数据技术可以开发更多的金融衍生产品。

产品融合的本质是大数据充分利用其他产业所积累的海量数据资源，改善传统生产过程的缺陷，推动企业定制更符合用户需求的产品或者服务。现代企业产品的研发与传统研发不同，由于自身技术知识资源限制和消费者需求的不断升级，仅仅依靠传统研发设计思路，企业不太可能设计出全新的高质产品，常常需要以问题为导向，通过大数据分析促进不同技术领域的合作。以汽车产品为例，汽车不仅仅是交通工具，在汽车制造和运行过程中伴随大量数据的产生，以车为中心的数据化包括零部件、发动机、驾车习惯、维修保养、交通状况等，这些生成的信息可以形成庞大的数据被挖掘应用而产生价值，大数据技术可以从汽车设计到汽车行驶的各个环节与用户需求和市场形势保持紧密联系，形成各种各样的汽车相关产品。

（三）业务融合

业务融合是指大数据技术应用到企业的研发、设计、制造、营销、销售、维护等各个环节，重塑原有业务流程，促进组织结构变革，推动企业业务创新和管理升级。大数据对企业原有业务产生剧烈冲击：一方面，对外来说，让企业更加深刻地了解用户诉求，将业务数据与用户需求相结合，研发设计出更好的产品和服务；另一方面，对内来说，让企业的业务设置更加集约，删掉那些冗余无效的环节，合并相同职能部门，提高内部运作效率。以英特尔芯片的生产流程为例，每一块芯片从设计到出厂大概需要经过 19000 次测试，这样巨大的测试量既花费大量时间，也需要大量的资金投入。为了降低成本，英特尔公司使用大数据技术对测试数据进行分析，大数据筛选出其中的必要环节，删减其中的无效环节，使得英特尔能够大量地减少因质量测试要求而需要的测试次数。从晶片层开始，英特尔通过数据分析减少了生产环节中测试的次数并将测试重心放在某些特定环节的测试上。

业务融合的实质是大数据改造提升企业传统业务，赋能业务效率和更多解决方案，推动整个企业业务效率提升。传统业务仅仅是一个工序过程，业务过程中生成的数据被长期忽视，大数据唤醒业务数据价值，推动业务朝着科学、合理、高效的方向变革。以苹果手机为例，其产品具有的时尚性、创新性和体验性等优势，长期成为手机界风向标，而苹果手机的设计环节就充分运用了大数据分析。苹果公司充分利用与其合作的全球电话服务商，通过他们获得海量的手机客户体验数据，再通过大数据分析获取进一步的设计灵感。

（四）产业融合

产业融合是指大数据产业与其他产业相融合催生出一些新业态，包括新的产业、新的平台、新的产业生态等。大数据与传统产业融合，一方面，大数据在传统产业中的广泛应用和扩散产生了很强的溢出效应，打破原有产业边界，使得传统产业跨界成为“新物种”；另一方面，传统产业多以规模经济为主，大数据使得产业链条得以延伸，并跨界进入其他领域，获取范围经济的益处，在日趋激烈的市场竞争中降低运营风险。以货车帮为例，传统运输业和大数据业深度融合形成一个全新的国内货运互联网信息平台。货车帮掌握了大量司机和货源数据，在大数据技术的支持下，充分利用这些数据资源，使司机和货主实现高效匹配。

可以预见的是，伴随大数据在各行各业应用程度的逐步加深，基于特定行业和业务流程的大数据分析应用需求将迅猛发展，大数据技术将加速打破其他产业边界，迸发出新的发展动能。以数据分析、挖掘、组织管理、应用服务为核心的大数据产业集群将逐步发展壮大，大数据既要作为传统产业升级的助推器，也要成为孕育新兴产业的催化剂，同时大数据产业链上的许多链条将直接与传统产业链条相融合，产生新的产业业态和商业模式。大数据产业将与制造业、旅游业、金融服务业等传统产业深度融合，进而衍生出材料数据服务业、金融数据分析业、旅游产品设计业等一系列新兴业态。例如，大数据产业与传统的房屋租赁业务相融合产生了一家专业化房屋资产管理公司。自如租房公司通过大数据分析用户数据，建立了租客信用体系自如分、租住行业智能家居平台、租住社交平台，将合适的人群安排在一起共同承担房租，累计服务 140 万名自如客，为超过 30 万名业主管理 60 万间房源。公司管理资产价值超过 7000 亿元，发展方向逐步走向房产组合管理与规模效益。

第四章
中国信息化与产业结构发展的现状分析

本章主要从定性的角度对信息化与产业结构发展现状进行分析，对我国信息化发展阶段进行了详细介绍，总结我国信息化的发展特点。同时，分析了我国目前信息化和产业结构发展存在的问题以及产业结构转型升级遭遇的瓶颈。

第一节　数字经济已成为中国经济发展的主导力量

我国信息化发展的最新现状是数字经济占中国国内生产总值比重超过30%，已经成为中国经济发展的主导力量。当前，数字经济既是我国经济转型升级的新利器，也是经济提质增效的新动力。我国高度重视数字经济发展，大力实施网络强国战略、国家信息化发展战略、国家大数据战略等一系列重大数字化战略，着力促进中国数字经济进一步创新发展，中国数字经济呈现出蓬勃发展的良好局面。

一、全球数字经济发展背景

数字经济是指以使用数字化的知识和信息作为关键生产要素、以现代信息网络作为重要载体、以信息通信技术的有效使用作为效率提升和经济结构优化的重要推动力的一系列经济活动。世界各国对数字经济的重要性都有深刻认识，美国、德国、英国、澳大利亚、日本等许多国家和地区已经将发展数字经济置于优先次序，纷纷出台数字经济发展战略、数字化规划等推动数字经济的发展，如澳大利亚发布“数字经济战略2020”、德国发布“数字战略2025”、英国出台《数字经济战略（2015—2018）》。世界银行（WBG）、经济合作与发展组织（OECD）、世界贸易组织（WTO）等国际组织也对数字经济发展表现出极大关注，密切跟踪发展动向，发布了多项研究报告。毋庸置疑，发展数字经济已成为全球共识，数字经济以其强劲的发展动力、高效的发展方式、惊艳的发展成果，广泛吸引了全球各国的注意力，数字经济已经成为世界公认的新经济、新业态、新动能。

自2008年全球金融海啸之后，全球经济进入了深度转型的调整阶段，新旧动能迭代更替，冲突和融合并行：一方面传统产业下行压力巨大，另一方面数字经济发展却如火如荼。数字化已成为经济发展的主要动力，数字经济成为了世界经济阴霾中一抹亮色。信息网络已经成为承载现代经济活动的重要空间，信息技术成为推动产业结构优化的重要工具，信息动力成为促进经济增长的重要引擎，数字技术的广泛使用和日益普及必将导致经济环境和经济活动发生根本性转变。在全球信息化进入全面渗透、跨界融合、加速创新、引领发展新阶段的大背景下，中国在数字经济领域取得了骄人的发展业绩（见图4-1），2011~2015年我国数字经济的平均增速超过15%，增速是其他主要国家（美国、日本、英国等）的5倍以上。数字经济正在成为我国创新经济发展方式的强大动能，并不断为全球经济复苏和社会进步积累宝贵经验。2016年9月，在杭州G20峰会上通过由我国主导、多方合作完成的全球首个多国领导人共同签署具有全球意义的数字经济政策文件——《G20数字经济发展与合作倡议》。中国积极推动全球进入数字经济时代，让数字经济红利惠及世界各国，彰显出中国的新主角视角。

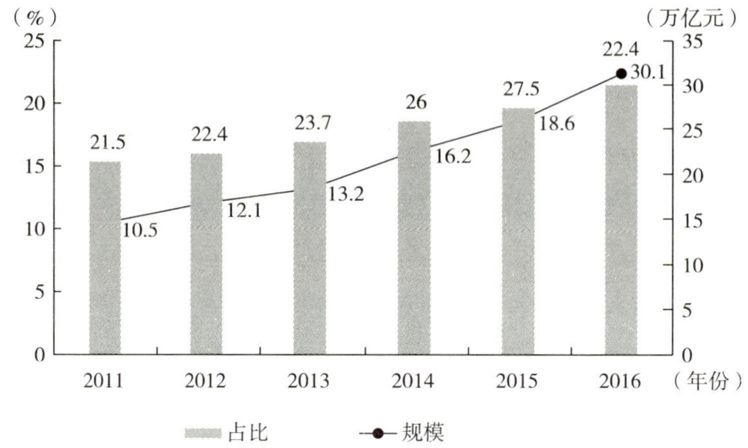

图 4-1　2011~2016 年数字经济规模及占 GDP 比重

资料来源：工业和信息化部电子科学技术情报研究所，中国信息化百人会．中国信息经济发展报告．

二、中国数字经济发展背景

中国拥有发展数字经济的优质土壤，集中体现为三大显著优势：网民优势、后发优势和制度优势。网民众多有利于我国成功实现从人口红利向网民红利的转变。

首先，我国拥有全球最大的网民规模，网民数量相当于欧洲总人口。截至 2016 年 12 月，中国网民总数达到 7. 31 亿人，互联网普及率达到 53. 2%，超过全球平均水平 3. 1 个百分点，超过亚洲平均水平 7. 6 个百分点。

其次，我国移动端用户占比超过 80%，移动支付市场全球第一。2014~2016 年，我国移动互联网年均增长率超过 10%，2016 年底，我国手机网民数量达 6. 95 亿人，新增网民中使用手机上网的群体占比高达 80. 7%，网民手机网上支付的使用比例由 57. 7%提升至 67. 5%，形成了全球最大的移动支付市场。根据艾瑞咨询的研究报告显示，中国移动支付市场的规模是美国的 50 倍。

最后，由于接触互联网的人口众多，我国形成了庞大的创新创业的创客群体，2016 年我国共形成了 3155 家创客空间。

美国充分享受数字经济 1.0 时代的红利，中国在数字经济 2.0 时代充分把握后发优势。近年来不论是在“世界互联网大会”“世界经济论坛”“G20 峰会”等国际性会议上，还是在技术更新、国内外市场发展中的开拓布局，中国互联网企业一直有不俗的表现，后发优势明显。2016 年，全球互联网 20 强名单中，中国有阿里巴巴、腾讯、百度、京东等 7 家互联网企业上榜（见表 4-1），且有 4 家企业在全球互联网企业前十强。从成立时间上看，中国企业平均成立时间为 12.5 年，美国企业平均成立时间为 21.1 年，中国互联网巨头总体比较年轻。2016 年，中国的电子商务交易规模超过 20 万亿元，在数字经济、跨境电商的驱动下，中国的中小企业充分利用电子商务平台参与全球贸易，与全球市场的对接程度高达 60%，而欧洲国家是 25%，拉美国家只有 13%。另外，根据经合组织报告显示，经合组织国家中只有不到 1/3 的中小企业参与了电子商务。

表 4-1　2016 年全球互联网 20 强名单

排名	公司名称	国家	市值（亿美元）	成立时间	排名	公司名称	国家	市值（亿美元）	成立时间
1	苹果	美国	5470	1976	11	Salesforce	美国	570	1999
2	谷歌	美国	5100	1998	12	小米	中国	460	2010
3	亚马逊	美国	3410	1995	13	PayPal	美国	460	1998
4	Facebook	美国	3400	2004	14	Netflix	美国	440	1997
5	腾讯	中国	2060	1998	15	雅虎	美国	360	1995
6	阿里巴巴	中国	2050	1999	16	京东	中国	340	1998
7	Priceline	美国	630	1998	17	eBay	美国	280	1995
8	Uber	美国	630	2009	18	Airbnb	美国	260	2008
9	百度	中国	620	2000	19	雅虎日本	日本	260	1996
10	蚂蚁金服	中国	600	2014	20	滴滴快的	中国	250	2012

资料来源：玛丽·米克（Mary Meeker）的 2016 年《互联网趋势（2016）》。

数字经济在中国取得的辉煌成就，很大程度上是由于我国政府对于数字经济发展的重视与支持，为数字经济发展提供有力的制度保障。长期以来，我国政府把信息化建设置于前瞻性、战略性、先导性、基础性的位置，我国信息化政策体系在世界范围内可以称得上是最健全的，明确以信息化驱动国家现代化的发展主线。中国立足于现阶段的国情和发展实际，高度重视数字经济发展，致力于打造适合数字经济发展的外部环境，为数字经济更快速地发展创造良好条件，我国为推动数字经济发展制订了一系列信息化发展顶层设计，“新经济”和“分享经济”写入 2016 年两会政府工作报告、十三五规划提出将实施国家大数据战略、《国家信息化发展战略纲要》正式发布、国务院印发《关于深化制造业与互联网融合发展的指导意见》等，这些重大举措为我国数字经济的蓬勃发展创造了有利条件。

三、数字经济的新动能作用

（一）推动工业经济加速向数字经济转型

当前，我国经济运行总体平稳，但下行压力依然较大，传统经济动力减弱和新经济动力不足的结构性矛盾日益凸显，总需求低迷和产能过剩同时并存的冲突性局面仍未改善，加快经济结构调整刻不容缓。作为发展速度最快、创新活力最活跃、辐射领域最广的数字经济，正成为我国经济完善新结构、构建新机制、拓展新空间的重要抓手。据中国信息化百人会 2016 年报告显示，1996~2014 年中国信息经济年均增速高达 23.79%，远远高于同期 GDP 年均增速，数字经济正在成为推动国民经济健康有序发展的大功率引擎。

数字经济的兴起带动了生产力和生产方式的深刻变革，数字经济的到来凸显的是发展理念的创新与生产技术的进步，也是思维方式、商业模式、消费模式的革新。环顾世界各国，都在寻找经济增长新动力，数字经济无疑是其中之要。数字经济是中国经济进入新常态后实现动力转换的重点方向，数字空间日益成为我国技术创新与商业模式变革的重要支撑平台。一方面，数字经济以大数据、云计算等技术为基础，推动不同产业跨界融合引燃创新火花，基于数据融合和外在价值挖掘催生出新商业模式；另一方面，传统产业可以利用数字技术转型升级，摆脱既有增长模式的格局束缚与路径依赖，重新焕发出新的生机。与此同时，数字化对全要素生产率有显著提升作用，在培育发展新动力、塑造先发优势、打造引领性产业方面也具有明显作用。2016 年，埃森哲公司研究报告显示，行业数字化带来的社会效益可以远远超过其创造的行业价值。到 2025 年，各个行业的数字化转型有望带来 100 万亿美元的社会及商业潜在价值。例如，在汽车行业，数字技术催生了分享经济，更加廉价和便利的“多式联运”将在未来十年为消费者带来累计 9750 亿美元的收益，而麦肯锡全球研究所发布的行业分析报告显示，目前只有 18% 的美国经济发挥出了其所拥有的“数字科技潜力”，如何培育更好的数字化新动能，发挥好数字科技潜力，将是世界各国未来发展的关键。

中国数字经济是在工业化未完成的情况下发展起步的，有些工业化积累的矛盾和问题用传统工业化的途径和方式难以有效解决，但数字经济却可以另辟蹊径。数字经济可以为我国更好更快地完成工业化任务提供新出路，究其原因，首先，我国有着良好的制造业基础，中国制造企业具有强烈的转型发展意愿、积极的创新融合理念、持续的变革适应能力，典型代表如海尔、格力、华为、i5 机床等。其次，我国已经具备领先全球的数字空间发展动能。中国互联网发展取得了举世瞩目的成就，也由此推动着中国从工业经济加速向数字经济转型。改革开放 40 年间，我国不仅在公共基础设施、制造业能力等方面有着质的飞升，同时我国数字空间的基础设施也显著提高，信息化基础设施不断完善，网络治理能力不断加强，数字空间中的企业数量空前活跃，我国数字空间的连接能力、融合能力、创新能力已经接近或达到世界先进水平。数字经济时代，我国强大的制造能力与领先的数字空间动能的逐步融合，是推动“大众创业、万众创新”的最佳试验领域，可以提供更宽广的就业空间、更优越的创业空间、更稳健的转型空间。以海尔为例，至2015年底，海尔创业创新平台上已聚集4700多家外部一流资源，30亿元创投基金，1330家风险投资机构，103家园区孵化器资源，诞生1160多个项目。平台上还有3800多个节点小微和上百万微店正在努力实践着资本和人力的社会化，有超过100个小微年营业收入过亿元，平台上的项目孵化到引入A轮的成功率达到48%。

（二）数字经济全面渗透生产生活领域

“网络信息技术日新月异，全面融入社会生产生活，深刻改变着全球经济格局、利益格局、安全格局。世界主要国家都把互联网作为经济发展、技术创新的重点，把互联网作为谋求竞争新优势的战略方向。”有统计显示，未来几年，数字经济在全球经济的占比将达到22.5%，到2020年，将产生超过44ZB的数据。在新一轮信息技术革命席卷全球的情况下，在数字经济领域不进则退、慢进亦退。在中国经济进入经济发展新常态后，我国也开启了从网络大国到网络强国的转型之旅。可以预见，伴随着互联网与实体经济的深度融合，智能制造的弯道超车，“双创”平台的落地生根，中国在数字经济领域的表现一定会越来越优异。

我国数字经济规模持续扩大，数字经济发力领域不断向深度和广度扩展。

首先，数字经济直接推动我国传统产业转型升级。近几年来，在制造业领域，VR技术、3D打印、工业互联网、智能机器人等生产工具在我国制造业发达的长三角、珠三角地区应用得越来越广泛，大数据、云计算、物联网等新一代信息技术也逐渐成为工业企业不可或缺的配套技术和生产方式。

其次，数字经济已经在影响改变着人们的生活方式和生活习惯。根据相关研究，得益于网络基础设施的逐步完善和移动上网设备的不断普及，使得移动互联网方面的应用需求被不断激发，社交应用、金融支付、娱乐游戏、搜索查询、公共服务等个人应用已经逐步形成稳定的移动端应用生态系统，各类互联网公共服务类应用均实现用户规模增长。据世界经济论坛 2016 年报告显示，数字时代人们的平均上网时间已经超过平均睡眠时间，66%的中国受访者认为数字媒体改善了自己的生活质量。

最后，数字化融入研发设计生产配送各个环节，涌现出一批新型研发组织和新型生产方式。2016 年我国数字化研发设计工具普及率达到 61.8%，工业企业数字化生产设备联网率为 38.2%。工程机械、发动机、家电等行业正在兴起基于网络平台的协同制造新模式，徐工集团、潍柴动力、海尔集团等通过构建全球协同研发平台进行研发制造；服装、家具等行业正在兴起以大规模个性化定制为主导的新型生产方式，青岛红领、韩都衣舍、尚品宅配、全友家私等一批创新型企业通过构建新型生产模式在 2016 年服装、家具行业整体不景气的情况下实现了逆势增长。数字化融入各行各业孕育出一大批极具发展潜力的互联网企业，成为激发创新创业的驱动力量。

（三）促进平台经济体崛起

在我国互联网经济飞速发展的十多年间，有一批大型互联网企业涌上桥头，站立在全球新经济浪潮之巅，也有一批传统企业在互联网时代转型受阻，步履维艰甚至销声匿迹。数字经济时代的来临，中国企业又一次迎来了蜕变之旅。传统企业的价值取决于其所创造的利润和经济规模，其依据是单一产品生产规模扩大，产品的平均成本会逐步下降，这是一种面向

“做大”的经济模式，而这种模式的适用范围正在不断缩小、实践效果也逐渐式微。数字经济强调范围经济，其依据是在资源共享条件下，多品种协调和企业之间的分工协作会带来经济效益。数字经济时代的企业价值由忠诚客户数量、企业未来潜力、更接近客户的商业模式等决定，这种新模式是传统企业一时难以适应，甚至难以理解的。如京东、亚马逊等互联网企业都是多年亏损后才进入了漫长的利润收割期，唯品会从 2012 年开始盈利后，已连续 6 个季度实现盈利。传统企业如果像亚马逊一样连续亏损 20 年才开始盈利是不可想象的。数字经济时代所引发的是市场剧变，一方面给传统企业带来新的挑战，另一方面也开启了全新的机遇，企业需要重新调整运营以抢抓新市场机会，加快转型升级以适应时代脉搏。据 IDC 调查报告显示，在亚太地区 1000 强企业中，有 60%正将数字化转型视作企业的核心战略。数字化转型不是概念层面上的理论探讨，而是经过实践检验后确认有效的一种企业升级方式。CA Technologies 对亚太及日本地区进行的一项调查显示，有 76%的受访者表示实施数字化举措为其业务带来了巨大成功。

数字经济兴起既是经济发展的主流趋势，也是经济发展的重大机遇。在全球经济大转型背景下，平台经济体系应运而生。平台经济体系是以互联网、云计算、大数据、移动互联网、人工智能为基础平台，而不是简单地由技术在原有行业和原有工业经济结构下的应用。中国互联网巨头如“BAT”等已经成为部分数字空间的基础设施和平台，既为传统产业创新转型带来新的发展机会，也为新兴产业的孵化培育提供了保障条件。2016 年 12 月 23 日是历史性的一天，十大平台经济体的市值超过了十大工业经济体的市值。在传统十大跨国公司里面没有一家中国公司，而在十大平台经济体里面有 3 家中国企业，有 7 家美国企业（见表 4-2）。所以，数字经济时代，中国有机会可以跟美国一起创造未来。

表 4-2 十大平台经济体与十大传统跨国企业

十大平台经济体				十大传统跨国企业			
名称	国家	成立时间	市值（亿美元）	名称	国家	成立时间	市值（亿美元）
苹果	美国	1976	6053	伯克希尔哈撒韦	美国	1956	4078
谷歌	美国	1998	5482	埃克森美孚	美国	1882	3766
微软	美国	1975	4810	强生	美国	1886	3152
亚马逊	美国	1995	3584	摩根大通	美国	1859	3037
Facebook	美国	2004	3396	通用电气	美国	1892	2823
阿里巴巴	中国	1999	2246	富国银行	美国	1852	2811
腾讯	中国	1998	2195	美国电话电报公司	美国	1877	2525
Priceline	美国	1998	762	宝洁公司	美国	1837	2291
百度	中国	2000	587	雀巢	瑞士	1867	2220
Netfix	美国	1997	527	沃尔玛	美国	1962	—
平均年限	22	总市值	30000	平均年限	129	总市值	29000

资料来源：工业和信息化部电子科学技术情报研究所、阿里研究院。

（四）构筑国际竞争新优势

2016 年是我国数字经济发展的里程碑之年。信息时代的核心竞争能力将越来越表现为一个国家和地区的数字能力、信息能力、网络能力，数字经济则是构建信息时代国家竞争新优势的重要先导力量。在信息革命重塑未来世界经济版图的进程中，数字化所带来的全新动能将发挥举足轻重的作用，毫无疑问，未来 10~15 年，数字化将是全球新产业革命的关键推动力量，数字经济成为发展最快、创新最活跃、辐射最广的经济活动。我国为迎接即将到来的数字经济时代，已经开始着手进行相关战略布局，中国数字经济将迎来巨大的机遇窗口，并为中国加速完成工业化任务、构筑国际竞争新优势提供强大的物质保障。根据波司登咨询发布的报告预计，2035 年中国整体数字经济规模将接近 16 万亿美元，总就业容量 4. 15 亿人。

数字经济一方面是全球经济的重要组成部分，另一方面也是推动经济全球化的重要助力。在当前及未来很长一段时间里，中国都将以数字经济为重要载体来推进全球共享经济发展。不仅在国内大力发展“互联网+新经济”，也将通过数字市场的不断开放，加速国内市场和国际市场相互融合，促进各国互利互赢。为构筑国际竞争新优势，我国已确立相关战略目标，到2020年，核心关键技术部分领域达到国际先进水平，信息产业国际竞争力大幅提升，重点行业数字化、网络化、智能化取得明显进展，网络化协同创新体系全面形成；信息消费总额达到6万亿元，电子商务交易规模达到38万亿元；信息产业国际竞争力大幅提升，数字红利得到充分释放，制造业大国地位进一步巩固，制造业信息化水平大幅提升……以此推动经济发展方式顺利完成数字化转型，强化我国在数字经济领域的领先地位。

从18世纪60年代第一次工业革命人类迈入“蒸汽机时代”，到19世纪60年代后期第二次工业革命“电气时代”的开启，再从20世纪50年代开始至今的第三次工业革命将人类带入了“信息时代”，21世纪初由数字化技术和由数字基础互联网技术所驱动的第四次工业革命将引领人类进入“数字时代”。当前，以云计算、大数据、人工智能、虚拟现实等新一代信息技术为代表的群体性技术突破是构建现代信息技术产业体系、引领经济数字化转型升级的发展原动力，先进的信息科技与我国传统产业的深度融合必将释放出发展新动能，推动我国经济向形态高级化、分工专业化、结构合理化的数字经济阶段演进。科学技术的不断拓展，必然引发社会结构、生产关系、生产方式、商业边界等多方面的剧烈波动。数字经济在带来技术层面创新的同时，也触及安全、法律甚至伦理的挑战，可能会引发非传统生活、生产方式的新问题和新矛盾。我国在加强数字经济发展、推进国家数字化转型的同时，还应规范数字经济法制建设、防范新型风险、提升数字治理能力。

第二节　信息化发展进程与特点

一、信息化发展进程

前文分析了我国信息化发展的最新形势。下面对我国信息化发展展开具体分析。关于我国信息化进程的划分，目前尚无统一的、权威的划分方法。改革开放以来，伴随全球信息革命的兴起，信息技术对经济社会的巨大推动作用，引起了国家领导层的高度重视，并及时采取一系列重大举措，紧紧抓住这一弯道超车的历史机遇。本书从技术发展规律出发，将改革开放以来的中国信息化进程划分为探索—酝酿阶段（1978~1983 年）、模仿—起步阶段（1984~1994 年）、接轨—融合阶段（1995~2003 年）以及凝练—创新阶段（2004 年至今）四个阶段，如图 4-2 所示。

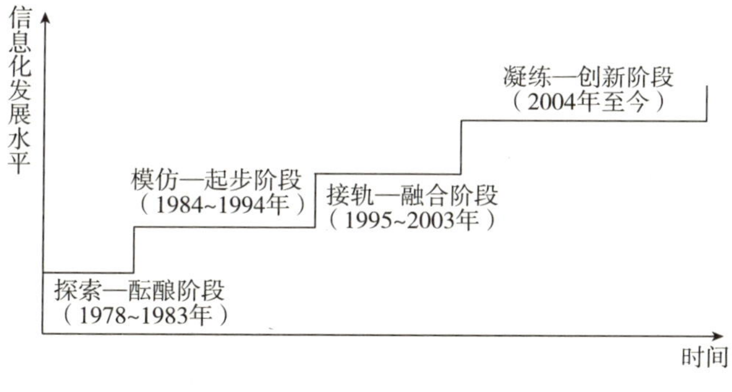

图 4-2　中国信息化发展阶段

（一）探索——酝酿阶段（1978~1983 年）

中国信息化的起步比日本晚 20 年，比美国迟 30 年左右的时间，与我国工业化起步时间相比，我国信息化的起步在世界范围看不算太晚，但起点却非常低。发达国家的信息化都是建立在工业化已经完成或者工业化中期的基础之上，我国发展信息化的起步却是在工业化初期，没有一个强大的工业化基础为支撑。在探索—融合阶段，信息化问题开始并且已经引起了有关单位和部分科研人员的关注，同时形成了一些初步的发展意见，但仍处在酝酿之中，并未进入运作轨道。这一阶段，关于信息化发展的大事件有：

一是 1978 年，信息技术发展的外部环境转好。1978 年 3 月中央召开了全国科学大会，邓小平作了长篇重要讲话，并提出“科学技术是第一生产力”的重要论断，为我国信息技术发展创造了有利的外部环境。

二是 1982 年，国家开始重视计算机硬件设施。为推动计算机技术和集成电路技术的研究、开发与应用，国务院成立了计算机与大规模集成电路领导小组，负责重大决策和经济技术咨询。

三是 1983 年，信息化发展被写入国家政策内容。1983 年 10 月 ~ 1984 年 4 月关于迎接新技术革命与我国对策研究的大讨论上，在制定国家新技术革命对策时，首次把发展基于计算机工具的信息科学写入国家政策。

（二）模仿——起步阶段（1984 ~ 1994 年）

1984 年以后，美、欧、日等发达国家相继推出和实施了重大信息技术发展计划，加快了从工业社会向信息社会的转变，这对我们来说既是机会，也是挑战。在信息化发展的模仿—起步阶段，我国成立了相关政府机构推进信息化建设，模仿国外信息化发展政策，制定了一系列关于电子产业、信息产业、信息技术服务行业等的相关政策，并且开始提出和部署我国网络基础设施建设。这一阶段，关于信息化发展的大事件有：

一是 1984 年，中国信息化发展大幕开始开启。1984 年 10 月，党的十二届三中全会提出要“吸收当代最新科技成就，推动科技进步”，揭开了我国信息化发展的序幕。12 月，国家把电子及信息技术列为优先发展的高技术产业，并实行优惠发展政策。

二是 1987 年，信息技术首批被列入国家高技术研究发展计划（“863”计划）。

三是 1992 年，信息技术服务行业成为重点发展对象。20 世纪 80 年代开始，美国信息服务行业开始崛起，信息服务业增长势头要远远高于传统制造业，因此，1992 年 5 月，我国把大力发展信息技术服务业列为我国第三产业发展的重点内容。

四是 1993 年，我国开始部署信息化基础设施建设，且以信息化带动产业发展的思想雏形显现。1993 年 2 月，美国提出“国家信息基础建设计划”（National Information Infrastructure，NII），同年 3 月我国紧随其后，提出和部署建设国家公用经济信息通信网（即金桥工程）。同年 12 月，国务院批准成立国家经济信息化联席会议，以信息化带动产业发展的思想雏形显现，中国信息化开始掀开新的一页。

（三）接轨——融合阶段（1995~2003 年）

1995 年 1 月，我国在北京、上海两地分别开通接入 Internet 的节点，中国互联网商业开始崛起。1995 年以后，中国信息化发展逐步与世界接轨，信息化融入我国社会经济的程度越来越深。在信息化发展的接轨—融合阶段，我国信息化开始步入国际轨道，“国民经济和社会信息化”被提升到战略性、宏观性和政策性的高度。这一阶段，关于信息化发展的大事件有：

一是推进经济信息化上升到战略高度。1995 年 10 月，党的十四届五中全会通过的“九五”计划，首次提出了“加快国民经济信息化进程”的战略任务。1996 年 5 月，“九五”计划中明确提出“推动国民经济信息化程度显著提高”。

二是 1997 年，互联网被列入国家信息化基础设施建设。1997 年 4 月，全国信息工作会议上确定了国家信息化的定义、信息化体系六大要素及其指导方针、工作原则、主要任务，并提出要将互联网列入国家信息基础设施建设和建立国家互联网信息中心和交换中心的建议。

三是2000年，信息化的战略高度显著提升。2000年10月，国家出台“十五”计划建议，提出将“加强国民经济和社会信息化”列为21世纪初必须着重研究和解决的一项重大的战略性、宏观性和政策性问题。

四是2001年，信息产业的跨越式发展被提出。2001年3月，“十五”计划纲要出台，该纲要对“加快推进国民经济和社会信息化”作了进一步的规定，提出要努力实现我国信息产业的跨越式发展，提高信息产业在国民经济中的比重。

（四）凝练——创新阶段（2004年至今）

20世纪90年代末到20世纪初，我国涌现出一大批IT企业，这些企业从最初的模仿美国企业，经过沉淀和凝练，走上创新的道路，其中一部分已经成长为世界级互联网企业。中国互联网企业从模仿到创新只是中国信息化发展阶段的一个缩影。2012年后，伴随信息化的深入发展，基于移动互联网、物联网、云计算、大数据等的新一代信息技术对社会生产生活组织方式的影响日益广泛且纵深，我国步入信息化凝练—创新阶段（2004年至今）：

一是信息化的国家战略地位更加巩固。2006年3月，我国出台《2006~2020年国家信息化发展战略》，明确提出我国信息化战略目标、战略重点和战略行动计划。2016年，国家根据全球信息化的发展新趋势以及我国信息化的新形势，对《2006~2020年国家信息化发展战略》进行调整和发展，确定规范和指导未来10年国家信息化发展的纲领性文件，是我国国家现代化战略体系的重要组成部分。

二是我国信息化发展方向更加明确。2016年12月，国家颁布《“十三五”国家信息化规划》，明确部署未来我国信息化发展的十大任务，包括构建现代信息技术和产业生态体系、建设先进的信息基础设施体系、建立统一开放的大数据体系、构筑融合创新的信息经济体系等。

三是我国信息化与传统产业融合发展加快。2007年十七大提出“两化融合”，2012 年十八大上又提出“两化深度融合”，2015 年国家先后提出“互联网+”行动计划、中国制造 2025 计划，2016 年又提出互联网与大型制造业融合的“双创”平台建设。

四是加快新一代信息技术产业发展布局。为了赢得新一代信息技术领域的发展机遇，近年来有关新一代信息技术的政策规划密集发布，2017 年国家先后发布《关于促进移动互联网健康有序发展的意见》《物联网发展规划（2016—2020 年）》《大数据产业发展规划（2016—2020 年）》《云计算发展三年行动计划（2017—2019 年）》等。

五是基于互联网的新型经济模式被纳入国家发展规划。2016 年国家十三五规划，首次提出要支持“分享经济”“互联网金融”等基于互联网的新型经济模式发展。

二、信息化发展特点

根据对我国信息化发展进程的梳理与分析，对不同时期的信息化政策进行归纳和比较，总结出我国信息化的发展特点如表 4-3 所示。

表 4-3 中国信息化的发展特点

内容	变化
发展历程	从无到有，从弱到强
发展战略	从局部到整体，从滞后到前瞻
发展政策	从附属到引导，从单一到完善
发展目标	从短期到长远，从模糊到清晰
发展效率	从低速到高速，从数量到质量

（一）从发展历程看：从无到有，从弱到强

西方发达国家走了一条先工业化后信息化的发展道路，而我国是在工业化还没有完成的情况下开启信息化发展大幕。从发展历程看，我国信息

化发展是一个从无到有，从弱到强的过程。具体体现为：

首先，起点低但起步并不晚。起点低是因为我国工业化基础薄弱，信息化相关研究滞后，信息化发展基础接近于零，但我国信息化起步在20世纪80年代，并不算晚，并且我国赶上20世纪90年代兴起的全球信息化浪潮。2016年，我国信息化发展水平在全球88个国家中排在第25位，并首次超过G20国家平均水平①。

其次，中国信息技术经历了从弱到强的过程，许多技术从工业技术脱胎衍生而出，目前我国部分信息技术如量子通信、5G网络、超级计算机等技术已处于世界领先地位，但很多核心信息技术仍对他国存在严重依赖性。

再次，我国信息产业从弱到强，成为国民经济发展的支柱产业。

最后，信息经济发展的市场化程度不断提高，成为目前我国国民经济中最活跃的部分。

（二）从国家战略角度来看：从局部到整体，从滞后到前瞻

20世纪80年代，我国信息化发展战略处于摸索探讨阶段，并无明确的国家发展战略。1995年“九五”计划中，我国首次提出“加快国民经济信息化进程”的战略任务，21年后，信息化的战略地位上升到我国现代化发展的全局位置，在2016年《国家信息化发展战略纲要》中明确提出“没有信息化就没有现代化”。从我国信息化战略发展来看，具体体现在两个方面：

一是我国信息化战略范围从局部扩展到整体。早期信息化的战略覆盖范围往往是经济或者产业或者技术的某一方面信息化的发展，而现在信息化战略已经覆盖我国现代化建设全局。

二是信息化战略内容从滞后到前瞻。20世纪90年代前后，我国信息化战略的典型特征是具有很强的实践性、经验性，但信息化战略内容往往滞

① 中国互联网络信息中心．国家信息化发展评价报告（2016）［R］. 2016.

后于当时信息化发展的新趋势，战略前瞻性不足，目前中国的信息化战略内容已经紧跟或引领世界信息化发展前沿。

（三）从信息化发展政策上看：从附属到引导，从单一到完善

从我国信息化发展政策可以明显看到信息化在我国经济社会中地位的变化。具体表现为两方面：

一是信息化政策作用从附属到引导。早期信息化只是附属于产业发展，即产业发展中要运用信息技术，更多强调信息化的工具属性，如20世纪80~90年代，信息化发展附属于农业、工业及服务业中，而现在信息化政策作用已经变为推动和引导。

二是信息化政策体系从单一到完善。90年代以来，信息化的地位与作用日益凸显，其政策体系朝着更加完善和更趋合理性前进。目前我国已经形成了较为完备的信息产业发展体系、信息化人才培养体系，正在构建自主可控的信息技术生态体系。

（四）从信息化发展目标上看：从模糊到清晰，从短期到长远

从信息化发展目标的制定看，中国信息化经历了从目标模糊到目标清晰的过程，目标追求也经历了从短期到长远的过程。具体表现为：

一是信息化发展目标的定位从粗糙、模糊到具体、清晰。20世纪80年代的信息化发展目标理想化成分偏重，制定的发展目标比较粗糙、模糊，进入90年代以后，开始注重目标的可实践性，制定的发展目标越来越具体和清晰（姜爱林，2002）①。

二是信息化发展目标的效果追求从短期到长远。“九五”的目标是“国民经济信息化的程度显著提高”，追求的是短期经济“程度”的提升，希望尽快实现经济信息化，“十五”的目标是“国民经济和社会信息水平显著提

① 姜爱林，中国信息化发展的历史变迁［J］．图书馆学研究，2002（4）．

高”，“十一五”的目标是“推进国民经济和社会信息化”，目标追求不再限制在经济方面，还包括社会内容，强调长远信息化发展“水平”的提升，要求的是具有一定水平的“经济信息化和社会信息化”。

（五）从发展效率上看：从低速到高速，从数量到质量

关于中国信息化的发展效率要分成速度和质量两个方面来看。

一方面，我国是在工业化未完成的情况下抢抓信息化的发展机遇，所以中国信息化的发展一直存在紧迫感，发展中始终存在一个“加速度”。因此，20 世纪 90 年代的发展速度快于 80 年代的发展速度，2000 年以后的发展速度要远快于 90 年代，2010 年以后的中国信息化发展更是处在高速轨道上，中国信息化排名从 2012 年的 36 位迅速攀升到 25 位①。

另一方面，我国信息化受工业化思维定式的影响，早期比较重视信息化发展的速度，而不太重视发展的质量，造成了很多不必要的浪费，近年来，越来越重视信息化发展的质量。

第三节　信息化发展现状与问题

一、信息化发展现状

（一）信息化基础设施情况

世界各国都很重视信息化基础设施建设、信息化基础设施的改善优化。首先，能直接改善人们的工作生活方式，提升人们的工作效率和生活水平；其次，信息化基础设施建设如交换机、服务器、光缆都会伴随大量的资金

① 中国互联网络信息中心．国家信息化发展评价报告（2016）［R］. 2016.

投入，拉动区域经济的增长（Brian Kahin and Ernest Wilson，1996）；最后，改善后的基础设施间接通过扩散效应和网络效应，降低交易成本，提高产出效率和规模，带动第三产业的发展，促进产业结构的转型升级（Aschauer，1989）。近年来，在一系列政策的推动下，我国信息化基础设施建设取得了令人瞩目的成果，从2008年开始，我国在固定电话、移动电话、互联网等方面的用户数均已超过美国，居世界第一。

宽带普及率是衡量一个地区社会经济发展状况和信息化基础设施水平的重要指标。近年来，我国政府高度重视宽带网络基础设施建设，固定宽带普及率和移动宽带普及率显著提高。根据2016年中国宽带联盟发布的《中国宽带普及状况报告》显示，截至2016年第二季度，我国固定宽带普及率达到52.9%，其中浙江、江苏、北京三地的固定宽带普及率已超过80%，浙江宽带普及率排名第一，达到89.1%。从2016年中国各省份固定宽带普及率（见图4-3）可知，我国有一半地区的普及率超过50%，东部沿海省份如浙江、江苏、广东等地区的普及率要远高于云南、贵州等西南省份，宽带基础设施发展水平较低的省份如云南、西藏、内蒙古、甘肃等地区普及率在40%以下。

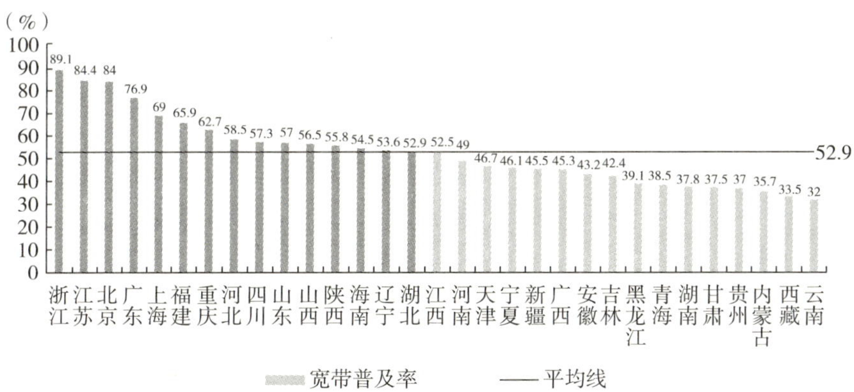

图4-3 2016年中国各省份固定宽带普及率

资料来源：中国宽带发展联盟2016年发布的中国宽带普及状况报告（2016年第二季度）

从 2012 年以来，我国移动互联网呈现爆发式发展势头，移动宽带普及率迅速提高，我国目前正在大力推动无缝连接的高速网络环境建设。从 2016 年中国各省份移动宽带普及率（见图 4-4）可知，我国移动宽带普及率的平均值为 65.3%，比固定宽带普及率高 20 个百分点左右。移动宽带普及程度最高的是北京市，普及率高达 129.9%，上海的普及率也超过 100%，这两大城市的移动宽带普及程度已经达到饱和，浙江、广东两省也接近饱和。移动宽带普及率在全国平均水平以上的有 10 个省份，其中宁夏以 77.3%的普及率排名第五，而中部省份如湖南、安徽、江西等地区的移动宽带普及率要落后于西部地区。

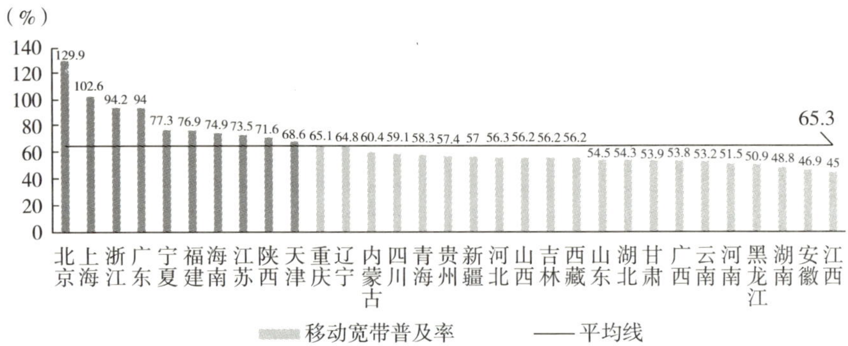

图 4-4　2016 年中国各省份移动宽带普及率

资料来源：中国宽带发展联盟 2016 年发布的中国宽带普及状况报告（2016 年第二季度）。

（二）信息产业发展情况

信息产业具有知识密集、高增长、高渗透、高就业等特性，信息产业的强弱已成为衡量一个国家和地区核心竞争力的重要指标之一。由于信息产业对信息化建设具有非常强的支撑作用，信息化过程通常也是信息产业不断发展壮大的过程。自 2004 年我国信息产业规模突破 2 万亿元成为国民经济的第一支柱产业以来，我国信息产业规模仍在不断扩大，2010 年我国信息产业规模突破 10 万亿元。如图 4-5 所示，2007~2015 年，我国信息产业规模扩大了 3 倍，年均增长率为 14.97%，其中，电子信息制造业规模扩大了 2.45 倍，软件和信息技术服务业规模扩大了 7.37 倍，软件和信息技术服务增长速度要明显快于电子信息制造业。

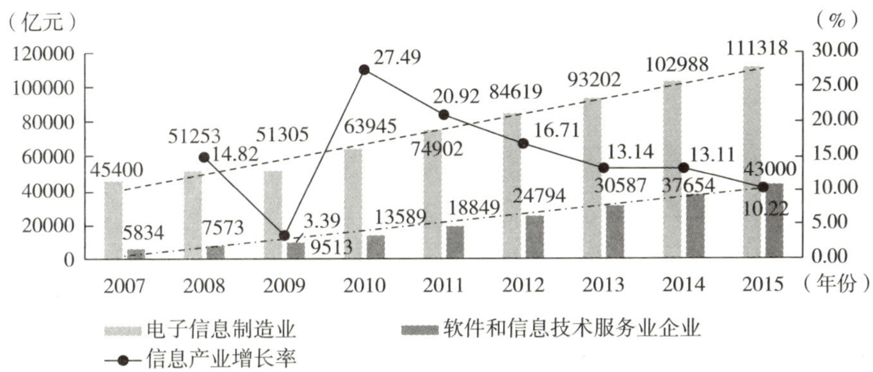

图 4-5　2007~2015 年我国电子信息产业增长情况

资料来源：工业和信息化部，2007~2015 年《电子信息产业统计公报》。

我国信息产业的发展不仅体现在产业规模的发展壮大上，还体现在产业结构不断优化，价值链逐步向高端转移。“十二五”期间，全球科技创新推动新一轮产业革命，国内经济转型升级引领我国电子信息制造业加速升级。以集成电路产业为例，集成电路是信息产业的“核心”，是衡量一个国家高端制造业发展水平的重要指标。从图 4-6 可知，2010~2015 年，我国集成电路产业销售额保持高速增长，年均增速高达 20.4%。

在我国软件与信息技术服务业产业规模迅速增长的同时，随着软件行业的不断升级，软件和信息技术服务业内部结构也发生变化。从图 4-7 可知，2010~2014 年，软件产品、IC 设计所占比重呈下降趋势，数据处理和存储服务、信息技术咨询服务占比呈上升趋势。

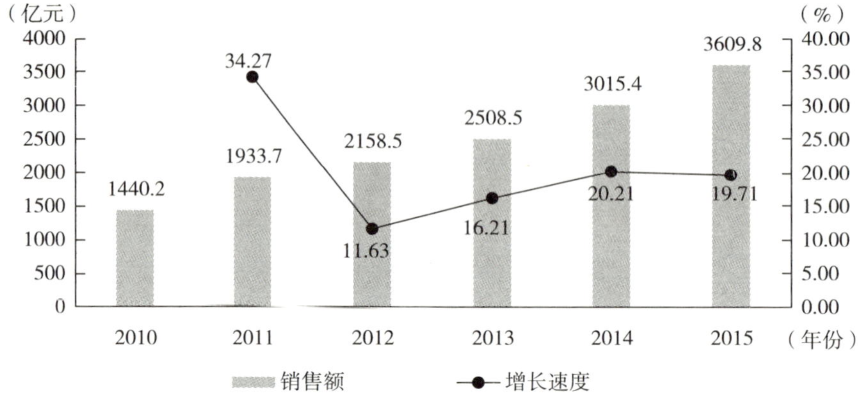

图 4-6　中国集成电路产业销售额

资料来源：中国半导体行业协会（CISA），《2015 年中国集成电路产业发展与 2016 年展望》。

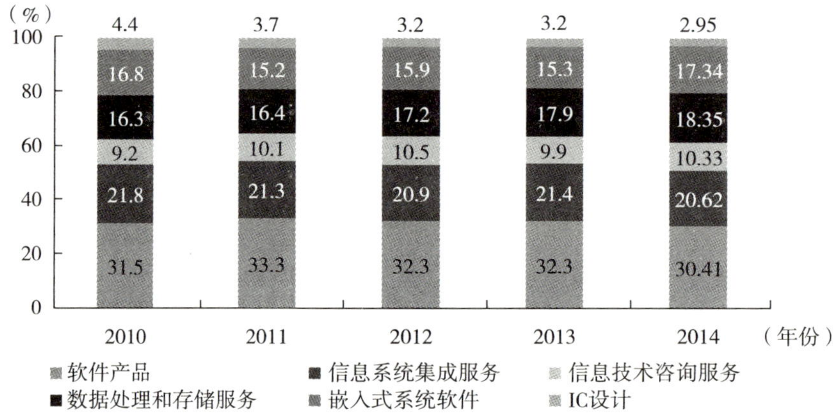

图 4-7　2010~2014 年中国软件和信息技术服务业结构演变

资料来源：工业和信息化部，2010~2014 年《软件和信息技术服务业运行情况报告》。

（三）信息化应用情况

信息化应用是指将信息技术手段用于日常生活和工作之中。根据中国两化融合服务平台上的行业数据整理可得 2015~2016 年我国重点行业信息化应用情况图（见图 4-8）。从图中可知，2015 年我国重点行业信息化应用水平均值为51.1%，2016年应用水平均值为52.3%，2016年各重点行业的信息化应用程度比2015年进一步加深。从具体行业看，2016年，电力、烟草、电子信息三个行业的信息化应用水平相对较高，超过55%，而纺织、采掘、建材三个行业的信息化应用水平排名靠后，应用水平在50%以下，如图4-9所示。

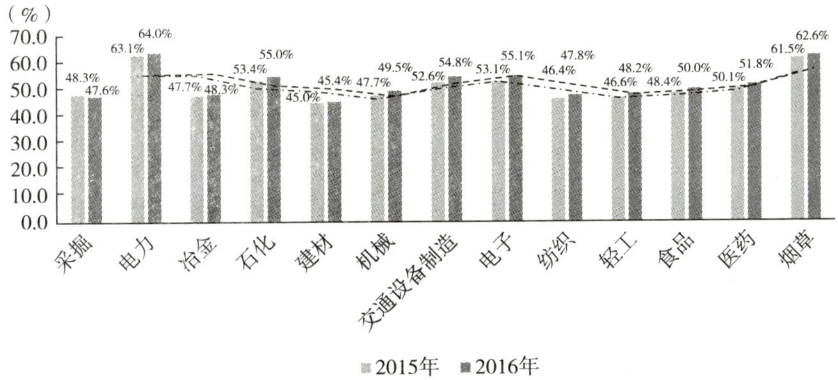

图4-8 2015~2016年重点行业信息化应用情况

资料来源：基于中国两化融合服务平台（http：//www.cspiii.com）。

表4-4反映的是2011~2015年我国重点行业典型信息技术的应用情况。从表中可知，全国工业应用指数每年以5.61%的速度增长，表明我国信息化与工业化融合的水平逐年提高。同时，从各项信息技术（ERP、MES、PLM、SCM）的普及率看，我国重点行业的典型信息技术应用水平在逐年提高。从普及程度看：

首先，由于电子商务对企业的生产经营具有举足轻重的影响，因此和电子商务相关的两项应用具有非常高的普及程度：采购环节电子商务应用和销售环节电子商务应用，2015年这两项应用的普及程度分别达到76.83%和84.64%。

其次，负责企业内部业务管理的ERP系统和面向制造执行的MES系统也具有较高的普及程度，分别达到62.71%和69.67%。

再次，产品生命周期管理系统（PLM）和供应链管理系统（SCM）由于需要跨企业跨平台，所以普及难度相对较大，但目前也都接近60%，这说明，我国工业企业内部信息系统集成正在向跨企业互联互通转变。

最后，我国重点行业中普及率最低的是装备数控化率，刚刚超过50%的水平。从增长速度看，采购环节和销售环节的电子商务应用复合增长率在8%以上，处于高速推广阶段；受“中国制造2025”战略影响，执行制造管理系统（MES）的复合增长率也高达7.45%；装备的数控化已成为重要发展趋势，但我国目前机床和其他机械行业的数控化水平均普遍较低，国内数控技术基础薄弱，高度依赖日本和美国，导致我国装备数控化推进缓慢，复合增长率仅为2.53%。

表4-4　2011~2015年全国重点行业典型信息技术应用水平　单位：%

年份	ERP普及率	MES普及率	PLM普及率	SCM普及率	采购环节电子商务应用	销售环节电子商务应用	装备数控化率	国家新型工业化产业示范基地两化融合发展水平	全国工业应用指数
2011	48.75	48.6	49.65	49.44	51.7	57.15	45.28	52.08	50.26
2012	57.05	55.8	55.57	56.08	59.89	62.97	47.97	55.25	56.13
2013	58.10	57.33	49.50	55.63	63.05	69.61	47.20	59.58	57.34
2014	59.57	62.92	53.83	56.20	68.46	74.36	48.36	56.36	59.70
2015	62.71	69.67	59.63	58.81	76.83	84.64	51.3	67.02	66.04
2011~2015年年均复合增长率（%）	5.17	7.45	3.73	3.53	8.25	8.17	2.53	5.17	5.61

资料来源：中国电子信息产业发展研究院，《2015年度中国两化融合发展水平评估报告》。

信息化应用水平不仅仅体现在信息技术在工业方面深入和广泛的应用，

还体现在互联网在经济社会各领域深度应用。互联网与经济社会各领域的融合，不仅能够改造传统产业、发展新兴业态，还能够重构创新体系、激发创新活力、建设创新型经济的关键。截至 2016 年 12 月，我国网民总数达到 7.31 亿人，相当于欧洲总人口。互联网普及率达到 53.2%，超过全球平均水平 3.1 个百分点，超过亚洲平均水平 7.6 个百分点。同时，2014~2016 年，我国移动互联网年均增长率超过 10%，2016 年底，我国手机网民数量达 6.95 亿人，新增网民中使用手机上网的群体占比高达 80.7%，网民手机网上支付的使用比例由 57.7%提升至 67.5%，形成了全球最大的移动支付市场。由此可见，当前我国信息化应用最活跃最广泛的是在互联网领域。互联网对我国区域经济发展日益发挥重要的作用，据腾讯研究院 2016 年报告显示（见图 4-9），广东、北京、上海、浙江、江苏等地区，依托现有优势产业，围绕互联网技术创新和产业融合发展的目标，拓展发展空间，深化“互联网+”行动，激活交通、医疗、教育、旅游、餐饮等产业的生命力、抢占新兴业态制高点、提升信息经济的整体发展水平。

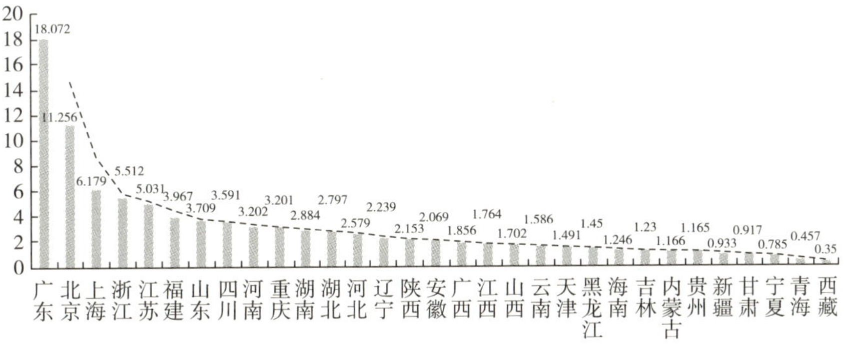

图 4-9 中国各省“互联网+”指数

资料来源：腾讯研究院，《中国“互联网+”指数 2016》。

二、信息化发展中存在的问题

近些年，我国信息化进入了快速发展阶段，取得了显著的成就。信息化迅速渗透到经济社会发展的各个领域，有力支撑了国民经济的平稳健康发展，但仍存在一些亟待解决的问题。

（一）核心关键技术受制于人

技术的突破与积累需要遵循一定发展规律，通常是一个较为漫长的孕育过程，因此造成我国在绝大多数关键核心信息技术和产品领域出现技术及零部件真空化现象。以工业控制系统为例，我国目前已经形成较大的产业规模，但核心技术如芯片技术、嵌入式操作系统、工控软件等方面仍受制于国外公司，这些技术和产品的采购对国外依赖程度极高，其中一部分甚至完全依赖进口。与此相对应，具有自主知识产权的技术和产品也面临核心技术空心化、应用产品低端化和主流市场边缘化的问题。同时，我国科研氛围仍然有待改善，2016 年我国研发经费投入强度为 2.07%，而发达国家普遍在 3%~4%。企业的研发投入意愿低迷，由于研发需要较高的资金和时间的投入，且风险较高，导致企业要么缺乏科研条件，要么缺乏科研投入动力，因此我国规模以上工业企业研发投入约占销售收入的 0.9%，而发达国家则在 2%左右。

（二）信息化人才成长环境有待改善

信息化人才是信息技术和信息产业发展的关键组成部分。结合信息技术的发展特点，信息化人才往往需要具备实践性、复合性、学习性和创新性四个特点。实践性要求必须具备实际操作的能力，复合性要求具备在信息技术以外掌握其他学科知识，学习性要求对不断发展的信息技术和信息产业有充分了解，创新性要求具备打破固有思维限制从新的角度看问题的能力。

我国目前信息化人才成长环境有待改善，体现在三方面：

一是信息化人才培养战略或者规划缺失，还未形成国家级信息化人才培养规划。

二是人才培养机制较为落后，注重标准化而忽视个性化的培养模式导致我国信息化领域原创性创新稀缺。

三是人才遴选机制和激励机制较为僵化，唯论文论、唯职称论的问题依旧存在，轻专利、轻商业应用的现象比较普遍，导致信息化人才科研创新受约束严重，高端人才稀缺。

（三）信息化发展不均衡

我国信息化总体保持良好的发展势头，但发展不均衡现象也在不断加深。我国信息化发展不均衡主要体现在区域、行业和城乡三个方面。

一是区域不均衡。从地域上看，我国信息化发展呈现明显不均衡状态，东部地区信息化水平要远远高于中西部地区，以移动宽带普及率看，移动宽带是目前最能反映区域“上网”状态和“联网”能力的指标，是衡量区域信息化基础设施的重要指标。2016 年，北京、上海、广东等地的移动互联网普及率是江西、安徽等地区的两倍以上，差距十分显著。

二是行业不均衡。各行各业的信息化水平由于信息技术应用深入程度的不同而呈现不均衡状态。以 2016 年为例，我国电力、烟草、电子信息三个行业的信息化应用水平相对较高，超过 55%，而纺织、采掘、建材三个行业的信息化应用水平则相对较低，应用水平在 50%以下。

三是城乡不均衡。2015 年，我国城镇人口和农村人口占比分别是 56.1%和 43.9%，而我国网民中城镇人口和农村人口占比分别是 71.6%和 28.4%，城乡网络普及率差距巨大。同样，在计算机拥有量、网站数量、信息消费等方面，均能体现我国城乡信息化的发展不均衡。

第四节　产业结构发展现状分析

一、产业结构现状

自改革开放以来，我国经济发展取得了举世瞩目的成就，综合国力与人民生活水平显著提高。伴随我国经济多年来的迅猛发展，我国的产业结构发生了一系列意义重大且影响深远的变化。

（一）三次产业的产值结构变动

从20世纪90年代开始，随着我国经济改革的不断加深，社会主义市场经济体制逐步建立和不断完善，在国家宏观调控政策和产业发展政策的共同作用下，我国产业结构也在不断发生变化。从图4-10中国三次产业产值结构变化图可知，1991~2015年，除个别年份外，我国第一产业产值占比保持持续下降的趋势，从1991年的24%降到2015年的8.9%，下降幅度为62.9%，平均每年下降0.63个百分点。当前世界主要发达国家①的第一产业产值占比普遍在1%左右，因此，伴随我国经济的进一步发展，第一产业的比重仍将继续下降。第二产业的发展可分为四个阶段，呈现出波动状态（上升↑→下降↓→上升↑→下降↓）：1991~1997年，其产值占比呈上升趋势，由41.5%升为47.1%；1998~2002年，其产值占比呈下降趋势，由45.8%下降到44.5%，2003~2006年，其产值占比又呈上升趋势，由45.6%升为47.6%；2007~2015年，其产值占比呈下降趋势，由46.9%降为40.9%。整体来看，第二产业在GDP结构中始终居于最重要的地位，在

① 这里的发达国家主要指美国、日本、德国、英国、法国等国家。

GDP 中的比重没有发生大幅度的变化。但当前世界发达国家的第二产业产值占比普遍在 20~30%，因此，伴随我国经济的进一步发展，第二产业的比重也仍将继续下降。第三产业的发展则与第一产业的发展表现出截然相反的走势，除个别年份外，我国第三产业产值保持持续上升的趋势，从 1991 年的 34.5%上升到 2015 年的 50.2%，上升幅度为 45.5%，平均每年上涨 0.65 个百分点。当前世界发达国家的第三产业产值占比普遍在 70%~80%，因此，伴随我国经济的进一步发展，第三产业的比重将继续上升。

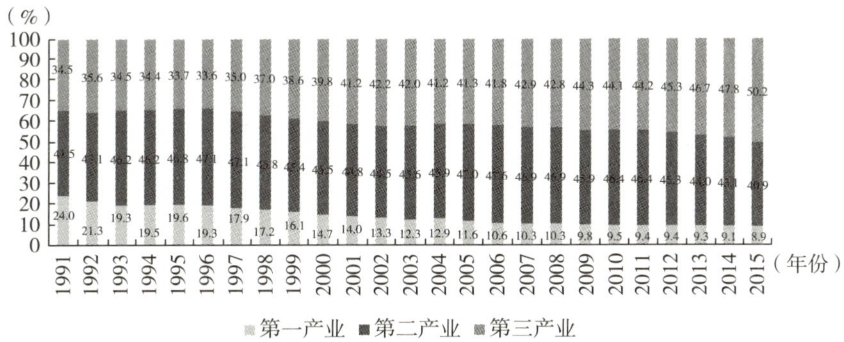

图 4-10 中国三次产业产值结构变化

资料来源：《中国统计年鉴（2016）》《中国劳动统计年鉴 2016》。

根据前文对配第—克拉克命题的阐释，随着一国经济水平的提升，第一产业产值占比逐渐下降，第二、第三产业比重将逐步上升。当前，我国第一产业比重不断下降，第三产业比重不断上升，第二产业占比存在一定的波动性，但总体也呈现不断下降趋势。总体来讲，1991~2005 年，我国产业结构优化趋势值得肯定，但与发达国家产业结构相比，我国第一、第二产业比重仍然较高，第三产业发展相对滞后，到 2013 年第三产业占比才首超第二产业，到 2015 年第三产业产值占 GDP 比重才超过一半，这表明我国产业结构调整之路仍将进行，产业结构优化进程仍需加速。

（二）三次产业劳动力结构变动情况

从图 4-11 可知，1991~2015 年，除个别年份外，我国第一产业劳动力占比保持持续下降的趋势，从 1991 年的 59.7%降到 2015 年的 28.3%，下降幅度为 52.6%，平均每年下降 1.3 个百分点。当前世界发达国家[①]的第一产业劳动力占比普遍在 2%~5%左右，我国目前农业人口占比是发达国家的 10 倍左右，因此，第一产业的劳动力比重仍有很大下降空间。第二产业劳动力的发展也可以分为四个阶段，呈现出波动状态（上升↑→下降↓→上升↑→下降↓）：1991~1997 年，其劳动力占比呈上升趋势，由 21.4%升为 23.7%；1998~2002 年，其产值占比呈下降趋势，由 23.5%降为 21.4%；2003~2012 年，其产值占比又呈上升趋势，由 21.6%升为 30.3%；2012~2015 年，其产值占比呈下降趋势，由 30.1%降为 29.3%。整体来看，劳动力比重没有发生大幅度的变化。当前世界发达国家的第二产业劳动力占比普遍在 10%~20%，因此，第二产业的劳动力比重也将继续下降。同样，第三产业的发展则与第一产业的发展表现出截然不同的走势，除个别年份外，我国第三产业劳动力占比保持持续上升的趋势，从 1991 年的 18.9%上升到 2015 年的 42.4%，上升幅度为 124.3%，平均每年上涨 0.98 个百分点。当前世界发达国家的第三产业劳动力占比普遍在 70%~80%，因此，伴随我国经济的进一步发展，服务业还将继续吸纳劳动力。

从图 4-11 可以看出，我国劳动力主要由第一产业流向第二、第三产业，其中流向第三产业的相对较多。当前，我国第一产业劳动力比重不断下降，第三产业不断上升，第二产业占比存在一定的波动性，但总体也呈现不断下降趋势。总体来讲，1991~2015 年，我国三次产业劳动力结构优化趋势值得肯定，但与发达国家产业结构相比，我国第一、第二产业劳动力

① 这里的发达国家主要指美国、日本、德国、英国、法国等国家。

比重仍然较高，尤其第一产业劳动力占比约是发达国家的10倍左右，第三产业劳动力占比也仅大概是美国的一半水平，这表明我国三次产业劳动力结构仍需要进行长期调整。

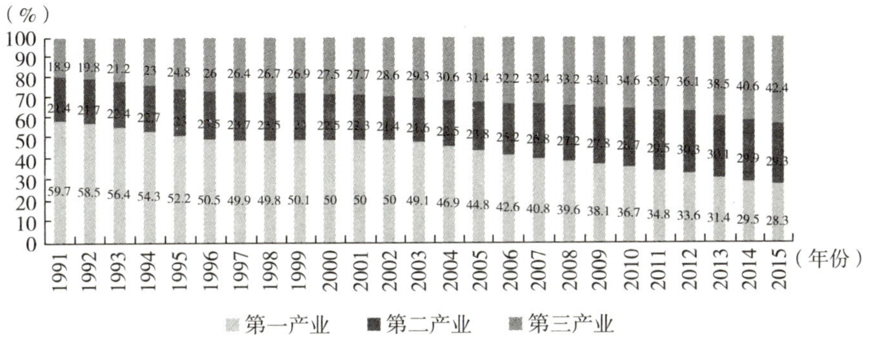

图4-11 中国三次产业劳动力结构变化

资料来源：《中国统计年鉴（2016）》《中国劳动统计年鉴2016》。

对比图4-10和图4-11可知：

（1）从总体来看，产值结构变化与劳动力结构变化的趋势大体一致，但在具体构成数值上，两者仍然有巨大的差异。

（2）对比产值结构数据和劳动力结构数据，以2015年为例，第一、第二、第三产业产值占GDP比重为8.9%、40.9%、50.2%，劳动力占就业人数比重为28.3%、29.3%、42.4%，第一、第二、第三产业单位劳动力产出为0.311、1.39、1.18，可见，第一产业的人均劳动生产率水平远低于第二、第三产业，劳动力水平与产出水平的巨大反差依然十分惊人，我国农业生产中剩余劳动力严重。

（3）第三产业的单位劳动力产出要低于第二产业，这说明第三产业并没有得到充分发展，服务业充分吸纳就业的能力还没有完全释放出来。

（三）产业结构偏离情况

利用1991~2015年以来三大产业增加值、三大产业就业人数等相关统计数据，根据泰尔系数公式①，计算反映我国产业结构偏离程度的泰尔系数（见附表 1）。如图 4-12 所示，从 1991 年至今，我国产业结构的偏离情况可以分为三个阶段（下降↓→上升↑→下降↓）：1992～1996 年，泰尔系数呈下降趋势，由 31.26%降为 26.03%；1997～2002 年，泰尔系数又呈上升趋势，由 26.31%升为 28.93%；2003～2015 年，泰尔系数呈下降趋势，由 28.76%降为 14.08%。1991～2015 年，整体下降幅度为 53.76%。2002 年以前，我国产业结构偏离度存在一定的波动，但从 2003 年至今，泰尔系数持续下降，近十多年来，我国就业结构与产值结构的偏离情况得到明显改善。

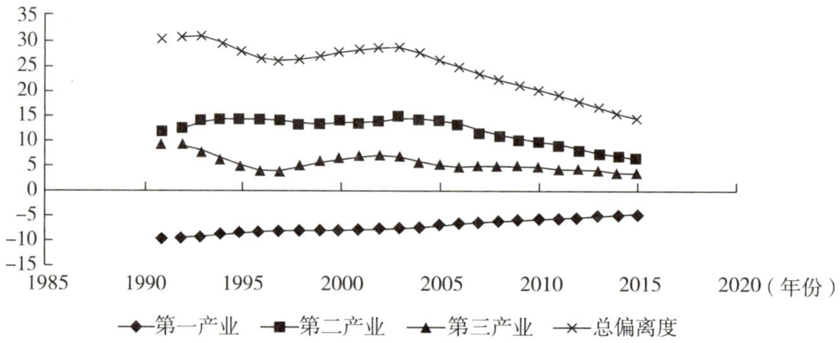

图 4-12　1991～2015 年中国三大产业的泰尔系数

资料来源：《中国统计年鉴（2016）》《中国劳动统计年鉴 2016》。

具体看三次产业的偏离情况：

（1）第一产业的泰尔系数为负值，说明就业比重要高于产值比重，反

① 泰尔系数计算公式如下。具体产业：$T=\frac{I_i}{I}\times\log\left(\frac{I_i/I}{L_i/L}\right)$。产业结构整体：$T=\sum\left|\left[\frac{I_i}{I}\times\log\left(\frac{I_i/I}{L_i/L}\right)\right]\right|$。其中，$I_i$代表第 i 产业产值，I 代表总产值，$L_i$代表第 i 产业劳动力人数，L 代表劳动力总人数，反映就业结构与产值结构的偏离程度。泰尔系数值越大，产业结构的偏离程度就越大。

映出我国第一产业的劳动生产率偏低这一现实问题，从图 4-11 可以看出，第一产业的泰尔系数的绝对值逐渐变小，说明第一产业的偏离程度也得到一定程度的改善。

（2）第二、第三产业的泰尔系数都是正值，且第二产业的数值均大于同期第三产业，因此我国第二产业的偏离程度要比第三产业严重。

（3）第三产业的泰尔系数偏低，说明第三产业结构的偏离程度不高，但这不能说明我国第三产业结构比较协调，而是第三产业占比增长缓慢。

二、产业结构转型升级存在的问题

上文对我国产业结构发展现状进行了简要梳理，可以看出，近年来，我国三大产业发展速度较快，产业产值结构和劳动力结构均得到优化升级，但是仍然存在着诸多问题亟须解决。

（一）三次产业间结构不合理

当前，我国产业结构朝着合理化、高级化方向发展的趋势非常明显，但现阶段产业结构仍然存在一些问题，具体体现在：

一方面，从产值结构看，三次产业分布不合理，存在一定的优化空间。整体来说，我国产业结构的发展符合产业结构演变规律，表现为第一产业的占比持续下降，第二产业的占比先上升后下降，第三产业的占比持续上升，并已经超过第二产业。但目前我国第一、第二产业的占比仍远高于发达国家，而第三产业比重则远低于发达国家，产业结构存在一定的优化空间。

另一方面，从劳动力结构看，三次产业的劳动力分布不均衡。从总体看，我国劳动力结构变化与产值结构变化的趋势大体一致，表现为第一产业劳动力比重不断下降，第三产业不断上升，第二产业先上升后下降的趋势。但也存在同样的问题，我国第一、第二产业劳动力占比仍然较高，而第三产业占比则相对较低。尤其是第一产业劳动力占比约是发达国家的10倍左右，第三产业劳动力占比仅大概是美国的一半，说明我国农业劳动力剩余严重，而第三产业吸纳就业能力有限。

（二）产业内部结构性矛盾突出

一是农业占比相对较大而生产效率低下。无论是产值比重还是劳动力比重，我国农业都远高于发达国家。农业发展滞后已经影响到我国产业结构的整体转型升级。2015年，我国第一产值占比和劳动力占比分别为8.9%和28.3%，远高于同期的美国、日本和德国。据农业部相关数据显示，目前我国农业劳动生产效率约是美国的1%、发达国家平均水平的2%、世界平均效率的64%。

二是制造业大而不强，产能过剩严重，高能耗、高污染、高排放的传统发展方式长期存在，高新技术产业规模相对较小。同时，我国制造业技术研发与创新力不足，在国际市场上缺乏具有核心竞争力、影响力的品牌和产品。

三是服务业总量偏小且发展层次较低，发达国家第三产业占比普遍在70%~80%，而我国刚突破50%。同时，所提供的产品和信息服务处于产业链低端，服务内容科技含量和知识水平不高，中国在商业知识密集型服务业的产出仅占全球产出的10%①。从具体行业看，批发零售、餐饮住宿、仓储物流等传统行业在服务业中仍占很大一部分比例，吸纳了大量劳动力，而科技服务业、现代金融业、健康服务业等新型的服务行业则由于市场化程度低、产品创新性差，而整体发展缓慢。

（三）产业创新升级缓慢

长期以来，比较优势战略对我国经济增长做出了十分重要的贡献。但

① 资料来源：美国国家科学与工程统计中心发布的知识和技术密集型经济活动报告《科学与工程指标2016》。

过度依赖低成本比较优势会形成对产业创新升级的抑制，具体表现为：

一是高技术密集型产业严重依赖于最终装配等低附加值活动。技术创新活动虽然具有高收益，但通常需要高投入、高成本，且具有很高的风险性，因此受财力和物力限制，地方政府和企业会将产业发展动力放在劳动密集型产业的发展上。从全球范围看，2014 年全球高技术产品的出口总值达 2.4 万亿美元，其中我国大约占 1/4 份额，但仍主要是一些低附加值的活动[①]。

二是企业创新发展能力不足。一方面，企业自身创新活动投入能力有限，劳动密集型产业的发展过程中大量生产要素如能源、土地、资金等被消耗掉，限制了企业对创新活动的投入能力，与此同时，高替代弹性的劳动密集型产业所产生的利润仅够维持基本生存，难以支撑产业技术升级的资本需求。另一方面，跨国企业造成的产业链低端锁定，跨国企业通过控制价值链低端产业的利润率，让下游产业仅能维持基本的生存而无法形成产业创新和升级所需要的资本投入，这些造成企业对外部市场的过度依赖，并被牢牢锁定在产业链低端位置。

三是产业结构空心化、低效化发展趋向严重。由于我国相当一部分行业的核心技术和关键环节缺失，产业链条过短过窄，经济价值释放不充分，生产性服务业难以得到有效延伸和拓展，产业结构呈现空心化和低效化趋向。

---

① 资料来源：美国国家科学与工程统计中心发布的知识和技术密集型经济活动报告《科学与工程指标 2016》。

第五章
信息化与中国产业结构转型升级关系的实证分析

本章在第四章现状分析的基础上，通过建立 PVAR 模型，进一步从实证角度分析信息化与产业结构转型升级的关系。实证研究信息化与产业结构转型升级的关系，需要对信息化和产业结构转型升级进行科学客观的测度。

首先，笔者认真梳理了国内外学者对信息化水平测度方法的研究文献，发现其共同点是从静态视角来测度评价信息化水平，这对持续动态发展的信息化过程缺乏解释力。有鉴于此，本章第一节在前人研究基础上，立足于现阶段我国国情，提出从侧面综合反映信息化水平的四大要素（基础设施、信息化应用水平、信息产业、信息化发展环境），筛选 13 项指标，构建信息化测评的动态多指标评价体系。

其次，在充分分析现有关于产业结构转型升级测度研究的基础上，综合考虑产业结构“转型”和“升级”的特点，本章第二节选取产业结构合理化、高度化、升级化和转型化四项指标构建我国产业结构转型升级指标评价体系，并通过熵权法客观求取各项指标权重，综合求出我国产业结构转型升级指数。

最后，通过面板向量自回归模型（PVAR）对我国信息化发展与产业结构转型升级的动态关系进行实证研究。

第一节 信息化水平测度研究

一、信息化测度方法评述

信息化时代，信息化水平已成为衡量一个国家现代化程度和综合国力的重要标志。但如何建立一个科学、合理的信息化评价方法仍需要进一步深入探讨。认真梳理国内外研究文献，早在20世纪60年代初西方学者就开创了信息化水平测度方法的研究先河，并取得了可资借鉴的成果。总体上说，国外对于宏观信息化测度主要有两大类方法：

第一类是从经济学范畴出发以信息产业为对象的计量研究，代表人物有弗里兹·马克卢普（Fritz Machlup，1962）、马克·波拉特（M. U. Porat，1977），马克卢普和波拉特都对信息化测度做出了重要贡献，马克卢普开创了宏观信息经济测度理论的先河，波拉特则为信息经济学在产业结构方面的研究提供了实际可操作的理论和方法，但前者缺乏具体的定量分析与测算过程，后者侧重于从经济方面描述信息化水平。

第二类是从统计学范畴出发确立反映信息化的相关指标，构建评价测度体系，如小松崎清介（1965）、国际电信联盟（ITU，1995）、国际数据公司（IDC，1996），小松崎清介指数法和ITU指数具有非常强的可操作性和对比性，IDC指数则为信息化的国际比较提供了良好的信息社会坐标，但小松崎清介指数法忽视了计算机和网络在社会信息化水平测度中的重要性，ITU指数和IDC指数则强调国家间的比较，操作比较复杂。

国内关于信息化测评的研究起步较晚，基本上建立在这两类国际研究成果的基础上，典型代表有：靖继鹏（1993）综合波拉特范式与小松崎清介的指数法提出“综合信息产业力度法”；贾怀京（1997）、马忠庚（1999）利用小松崎清介指数法，替换了部分难以获得的统计数据测算了中国各地区信息化水平；钟义信（1998）综合信息化测度的两大类方法从整体性、综合性角度出发创设了“信息化的综合指数法”；国家统计信息中心（2001）、信息产业部（2001）以及国家统计局（2014）分别提出了中国的信息化评价体系；修文群（2002）、张彬（2009）、茶洪旺（2014）等学者测评了中国区域信息化水平。国内学者的研究尚处于探讨阶段，但无疑为进一步完善建立信息化水平评价方法做出了有益的贡献。

二、信息化测评方法改进

从国内外现有文献资料看，众多学者在致力信息化测度研究时，都是从静态角度把信息化作为一次性的投入过程进行测评，忽略了信息化建设具有持续投入、持续改进、持续影响的特征，即信息化是一个持续渐进的动态过程。信息化的动态性特征具体表现在两方面：

一是信息技术的不断更新升级。根据郭士纳“十五年周期定律”（Louis V. Gerstner，2003），信息技术每 15 年就会发生一次重大突破，从世界范围来看，从 20 世纪 60 年代起，我们历经元器件时代、大型机时代、个人计算机时代、移动终端时代，在信息化浪潮席卷全球的背后，信息技术更是呈现出越来越快的迭新节奏。从国内看，我国信息化建设从 20 世纪 90 年代起步到现在的高速发展，也经历了很多信息技术的淘汰与变换。而在以往的指标体系设计上，以计算机和现代通信技术为核心的重要时代特征未能得以良好体现，很多已经过时或者失效的指标依然被沿用。

二是信息化影响的滞后效应，即前期信息化建设对后期信息化发展是具有一定影响的。从“索洛悖论”（Robert Solow，1987）可知，无论是信息基础设施的投入发挥作用，还是信息技术的扩散与融合，均需要一定的“消化”时间，这就造成信息化对区域经济增长和生产率的提升不是立竿见影而是存在时滞效应。信息化过程是一个承上启下不可分割的系统性工程，前期的硬件基础和技术基础对于后期信息化建设至关重要，所以在信息化综合评价时一定要将之前的信息化影响综合考虑。

有鉴于此，本章在建立信息化评价体系时，充分考虑信息化的动态性特征，在方法上做出了两点改进：

一是针对信息技术的不断升级，在指标筛选上遵循动态性原则。所谓动态性原则，是指伴随环境的不断变化以及信息技术的深入实践与发展，评价体系中所选的指标既要反映出信息化的以往变化过程，又要在未来（五年左右时间）依然具有有效性。

二是针对信息化发展的滞后效应，将时间因素引入指标评价体系。

三、信息化动态多指标评价体系构建

（一）信息化指标选择依据

本书参考国家统计信息中心（2001）、国家信息化领导小组（2002）、国家统计局（2014）、茶洪旺（2014）及小松崎清介（1965）等关于测评区域信息化水平的研究成果，并基于对国内区域信息化发展情况的全面把握和以往信息化研究的经验判断，确立了区域信息化水平评价的四大核心要素：信息化的基础设施、信息化的应用情况、信息产业发展水平以及信息化的发展环境，由此构建出区域信息化水平评价的四类二级指标。并综合考虑信息化的动态性特征，筛选出符合要求的 13 项三级指标。如表 5-1 所示，本书构建三层次、四大类指标组成的信息化评价指标体系。这三个层次分别为：第一层次表示区域信息化总体水平，第二层次由构成信息化水平的四类二级指标组成，第三层次是四类二级指标下的细分指标。

表 5-1 信息化动态多指标评价体系

一级指标	二级指标	三级指标	指标计算方法（或指标单位）	来源及说明
信息化水平	信息化基础设施	①单位面积长途光缆线路长度 ②互联网宽带接入端口比率	每平方千米长途光缆线路长度 每百人互联网宽带接入端口数	中国统计年鉴 中国互联网统计报告
	信息化应用水平	①移动电话拥有率 ②互联网普及率 ③计算机拥有率 ④域名持有量 ⑤网站拥有量	每百人移动电话数量 每百人网民数量 每百人计算机数量 每万人域名数量 每万人网站数量	中国统计年鉴 中国互联网统计报告 中国统计年鉴 中国互联网统计报告 中国互联网统计报告
	信息产业	①电子信息产业制造业员工平均营业收入 ②信息服务从业人员就业占比	电子信息制造业主营业务收入/员工数量 每千人就业人口中信息传输、计算机服务和软件业人员数量	中国电子信息产业统计年鉴 中国统计年鉴
	信息化发展环境	①大学毕业生占比 ②研发强度 ③人均教育经费投入 ④人均电信业务消费量	每万人大学生数 R&D 经费投入/地区生产总值 每人教育经费投入 每人电信业务消费量	中国统计年鉴 全国科技经费投入统计公报 中国统计年鉴 中国统计年鉴

（二）指标解释及数据来源

信息化基础设施建设。基础设施水平直接反映信息化硬件条件和发展现状。信息化基础设施建设是进行其他信息化活动的前提条件，“是打通经济社会发展的信息‘大动脉’”。长途光缆线路长度和互联网宽带接入端口两项指标是反映区域宽带基础设施建设的两项重要指标。

信息化应用水平。信息化应用是信息化发展的直接动力。信息化应用水平反映人们对信息化产品和服务的需求程度，代表着区域信息经济的发展程度。信息化发展催生了知识和技术的革新，具有高渗透性和创新性的信息技术在生产和服务环节的广泛应用，有利于传统生产方式的改进和企业管理方式的优化，有利于产业的自动化、智能化和现代化发展，有利于产品附加值的增加和企业生产效率的提高，有利于资本结构、就业结构和技术结构的转型升级。移动电话拥有率、计算机拥有率能够反映出区域信息化的硬件使用情况，域名持有量、网站拥有量反映出区域信息化的软件（信息资源）使用情况，互联网普及率则反映了区域信息化的整体发达程度。

信息产业。信息产业是区域信息化发展的重要支撑。信息产业发展是区域信息化建设的关键环节，拥有良好的信息产业才能支撑区域信息化的全面发展。信息产业的高速发展，加快了三次产业结构以及各产业内部结构的演变。信息产业自身规模的扩张和生产效率的提高，对国民经济整体生产效率有拉动作用，通过产业关联和融合机制产生竞争效应和外溢效应，加快传统产业边界的调整，促进新兴产业的滋生发展。电子信息产业制造业员工平均营业收入反映了电子信息产业制造业的发展情况，信息服务从业人员就业占比则反映了信息产业的人力资本情况。

信息化发展环境水平。信息化发展环境水平反映了信息化的持续发展能力。信息化人才队伍的建设和居民总体教育水平的提升，推动了全球范围内的深度分工，加速了经济的国际化进程，促进了产业重组和优化产业布局。由于缺乏信息技术或者信息服务专业毕业生的统计资料，所以大学毕业生占比能在很大程度上反映信息化人才储备情况。研发强度是衡量地区科技创新投入的重要指标，人均教育经费投入反映出区域对于人力资本的重视程度，人均电信业务消费量则反映区域的信息消费能力。

本书13项指标的数据主要来源于《中国统计年鉴（2004~2015）》《中国互联网发展状况统计报告（第13、15、17、19、21、23、25、27、29、31、33、35次）》《全国科技经费投入统计公报（2003~2014）》和《中国电子信息产业统计年鉴（2003~2014）》[①] 等（详细指标数据来源见表 5-1）。

（三）数据处理方法及计算步骤

根据不同的研究视角，信息化发展水平的综合评价方法也不同，目前国内主要采用的有两种方法：

一是单项指标评价法，通过单项指标如互联网普及率、人均电信业务消费量等单项指标的发展情况对比，由此综合判定分析整体信息化发展水平，但是这一方法不适合用于多区域情况。

二是综合评价法，通过对单项指标加权，并综合合成，计算出发展程度的综合得分，以区分多区域的等级次序。

本书采用第二种方法，计算步骤及具体方法如下。

1. 无量纲化处理

在多指标综合评价中，由于指标数值的量纲不同，必须对指标进行无量纲化处理，否则将会导致对信息化水平评价的不合理性。本书采用极差化方法对指标进行无量纲化处理。

$$z=\frac{x-\min(x)}{\max(x)-\min(x)} \tag{5-1}$$

式中，max(X)、min(X) 分别为指标观测值 X 的最大值和最小值，Z 是无量纲化后的指标数值。

2. 指标权重的确定

评价指标的权重是对各个评价指标在整个评价指标体系中相对重要性的数量，科学合理地确定指标权重是整个方法的核心环节。由于各评价指标在指标体系中的作用和地位不同，需要根据各指标对上一级指标的影响程度赋予其权重。本书采用主成分分析方法，通过降维方法将多指标综合

① 由于《全国科技经费投入统计公报》《中国电子信息产业统计年鉴》等统计资料的更新时间限制，本书所跟踪的最新年鉴是 2015 年，因此时间跨度是 2003~2014 年。

成少数几个指标，在此过程中确定指标权重，如图 5-1 所示。

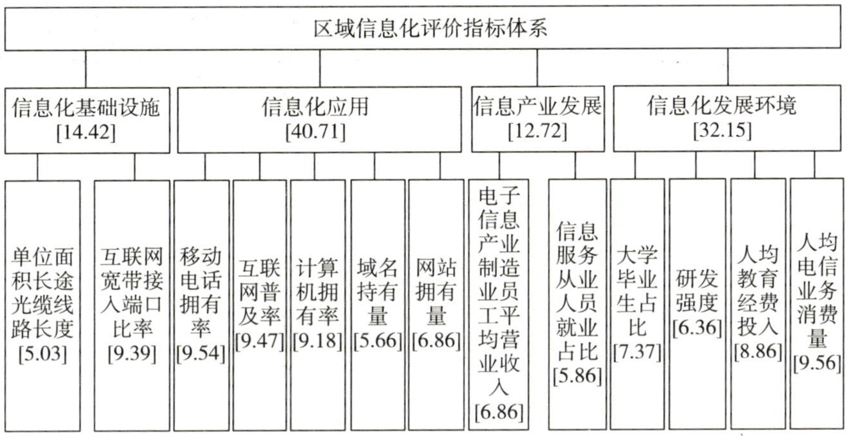

图 5-1 信息化指标体系及权重

注：中括号内数值为指标权重。

3. 静态综合评价模型

关于指标值的综合合成方法有许多，常用的有线性加权和法、乘法合成法、加乘混合合成法等，本书采用线性加权和法［式（5-2）］计算静态区域信息化综合水平，式中 I_j 代表某区域第 j 年信息化发展水平综合评价值，Z_{ij} 为该区域第 j 年第 i 项无量纲指标值，w_i 为第 i 个指标权重。

$$I_j = \sum_{i=1}^{13} w_i z_{ij} \tag{5-2}$$

4. 动态综合评价模型

本书在建立区域信息化多指标评价体系的基础上，考虑信息化的动态性特征，引入"动态时序"理念，将时间因素引入评价指标体系。本书采用脚标比值法计算时间权重 α_j。

$$\alpha_j = \frac{j}{\sum_{k=1}^{12} k} \tag{5-3}$$

对区域"过去信息化情况"和"现在信息化情况"进行综合评估，在静态综合评价模型基础上［式（5-2）］，结合时间权重 α_j，构建动态综合评价模型，得出各省在不同年份的信息化动态综合评价值 $Infor_j$［式（5-4）］。$Infor_j$代表某区域第 j 年的信息化动态综合评价值，α_j代表第 j 年的时间权重，I_j代表该区域第 j 年的信息化综合评价值，结果如表 5-2 所示。

$$Infor_j = \sum_{j=1}^{12} \alpha_j I_j \tag{5-4}$$

表 5-2　2003~2014 年中国各地区的动态综合信息化指数

地区	2003 年	2004 年	2005 年	2006 年	2007 年	2008 年	2009 年	2010 年	2011 年	2012 年	2013 年	2014 年
全国	7.41	8.76	10.16	11.51	13.34	15.38	17.27	19.14	21.17	23.38	25.42	27.35
北京	39.15	42.44	45.58	47.28	51.52	55.97	59.04	61.39	63.71	66.47	69.16	71.80
天津	16.18	19.14	22.26	24.80	27.19	29.93	31.90	33.59	35.61	38.22	40.03	41.72
河北	4.01	5.23	6.62	8.16	9.68	11.67	13.41	15.00	16.88	18.95	20.85	22.60
山西	3.55	4.84	6.46	7.93	9.69	11.79	13.73	15.43	17.27	19.22	21.13	22.70
内蒙古	2.37	3.35	4.27	5.62	7.34	9.19	11.00	13.08	15.32	17.63	19.80	21.73
辽宁	8.50	9.82	11.07	12.12	13.86	16.18	18.42	20.83	23.39	25.99	28.30	30.43
吉林	5.43	6.66	7.97	9.28	10.83	12.50	14.33	16.14	18.12	20.24	21.93	23.54
黑龙江	5.27	6.32	7.40	8.47	9.77	11.38	13.09	14.63	16.17	17.94	19.59	21.19
上海	28.62	31.83	34.44	35.91	39.89	42.71	45.40	47.49	49.71	53.10	55.97	58.78
江苏	9.31	11.05	12.93	14.72	17.13	19.53	21.71	24.28	27.08	29.87	32.41	34.80
浙江	11.28	13.29	15.36	17.61	20.24	23.06	25.63	27.91	30.37	33.14	35.56	37.94
安徽	3.25	4.33	5.32	6.49	7.83	9.17	10.75	12.53	14.41	16.31	18.12	19.77
福建	9.38	10.77	12.16	13.70	15.89	18.64	21.09	23.57	26.42	29.46	32.16	34.63
江西	2.70	3.53	4.81	6.24	8.32	10.25	11.69	13.05	14.55	16.25	17.90	19.53
山东	6.48	7.90	9.50	10.90	12.72	14.92	17.24	19.39	21.64	23.81	26.13	28.23
河南	3.26	4.19	5.14	6.29	7.78	9.46	11.14	12.75	14.37	15.99	17.79	19.53
湖北	6.28	7.14	8.61	10.33	11.81	13.73	15.51	17.20	19.10	21.04	22.85	24.64
湖南	4.39	5.17	6.35	7.42	8.86	10.59	12.13	13.68	15.36	17.19	18.80	20.37
广东	12.88	15.01	16.57	18.27	20.83	23.55	25.65	27.43	29.60	32.00	34.55	36.93
广西	3.00	4.11	5.40	6.39	7.56	8.89	10.27	11.84	13.56	15.43	17.16	18.85

续表

地区	2003年	2004年	2005年	2006年	2007年	2008年	2009年	2010年	2011年	2012年	2013年	2014年
海南	2.73	4.01	5.31	6.90	8.78	10.84	12.85	15.09	17.37	19.64	21.88	23.94
重庆	5.79	6.75	7.94	9.21	10.72	12.48	14.39	16.47	18.73	21.02	23.15	25.32
四川	3.76	4.68	5.83	6.90	8.36	9.99	11.68	13.55	15.36	17.14	19.11	21.04
贵州	1.63	2.76	3.48	4.30	5.60	7.22	8.64	10.27	11.97	13.75	15.53	17.35
云南	2.70	3.50	4.29	5.09	6.03	7.19	8.41	9.72	11.17	12.82	14.49	15.98
陕西	7.35	8.79	10.03	11.21	12.79	14.87	16.88	19.04	21.38	23.83	25.96	28.00
甘肃	2.79	3.47	4.24	5.09	6.10	7.45	9.16	10.70	12.34	14.09	15.75	17.27
青海	2.77	3.33	4.25	5.31	6.53	8.23	9.71	11.50	13.53	16.05	17.79	19.56
宁夏	3.73	4.61	5.36	6.33	7.90	9.56	11.22	12.92	14.73	16.78	18.69	20.54
新疆	3.72	4.84	5.79	6.89	8.52	10.54	11.99	13.82	15.82	18.10	20.18	21.94

四、信息化计算结果及分析

通过对30个省份2003~2014年信息化发展水平的综合评价，得出如下结论。

（一）中国各区域信息化呈不断上升态势，但发展速度整体放缓

从2003~2014年中国区域信息化趋势演变图（见图5-2）明显可知，地图上各区域黑色程度不断加深，反映出中国各区域信息化水平都在不断提升。

图5-2中各年份地图采用GeoDa软件绘制。由于时间跨度较长，本书根据信息化指数分布情况将颜色段数设置为八级：1级（0~5.79）、2级（5.80~9.38）、3级（9.39~13.70）、4级（13.71~18.78）、5级（18.79~23.89）、6级（23.90~28.23）、7级（28.24~39.89）、8级（≥39.90）。1~8级黑色程度依次加深。由于数据限制，港、澳、台地区不纳入考虑范畴。考虑到分析西南版块时的完整性，保留西藏地区并接受系统的默认赋值为0，所以西藏地区始终显示白色。

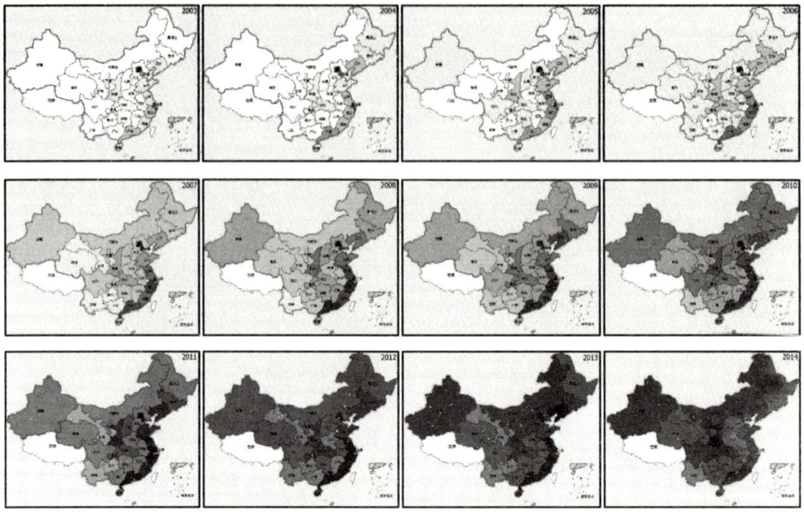

图 5-2　2003~2014 年中国区域信息化趋势演变

计算结果显示，2003~2006 年动态综合信息化指数年均增长率 15.8%，2007~2010 年年均增长率 12.8%，2011~2014 年年均增长率 8.92%，增长速度逐年放缓。其中，应用指数下降幅度最大，2003~2006 年年均增长率 27.49%，2007~2010 年年均增长率 19.14%，2010~2014 年年均增长率仅为 9.66%。从图 5-3 可以看出，2003~2014 年信息化各项指数增长速度均有所下降。

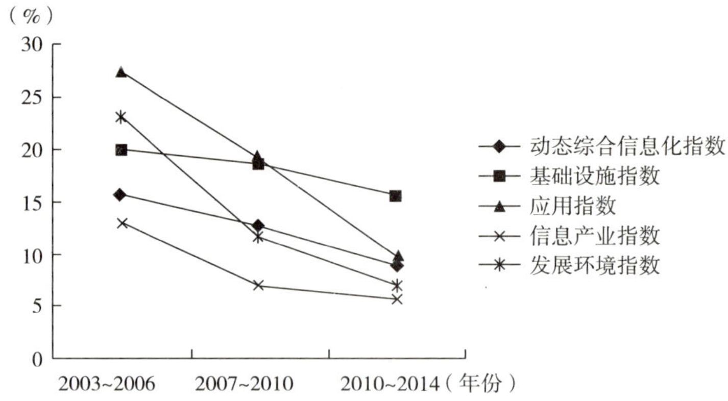

图 5-3　2003~2014 年信息化各项指数增长速度

全国信息化增长速度放缓有两方面原因：

一是部分信息化水平极高地区信息化增长速度下降导致整体信息化增长速度放缓。北京、上海、天津、浙江等省市信息化水平远高于中西部地区，这些发达地区信息化发展增长速度下降导致整体信息化增速下降。

二是中国宏观经济形势对信息化发展的影响。2014 年之后，我国进入经济从高速向中高速增长，而信息化建设与宏观经济形势变化紧密相关，宏观经济增速的下降在一定程度上导致信息化发展速度放缓（国家信息中心，2016）。

（二）中国区域信息化发展不平衡状况加剧

区域不平衡状况体现在两方面：

第一，四大区域发展水平存在显著不均衡，2014 年中部省份信息化水平均处于全国平均水平之下①。2014 年四大区域动态综合信息化指数依次为东部 39.14、东北部 25.06、中部 21.09、西部 20.69，东部信息化水平远远领先于东北部、中部及西部。从图 5-4 可知，信息化指数在全国平均水平以上的共有 10 省份，其中东部有 8 省份，西部仅陕西，东北部仅辽宁，中部没有在全国平均水平之上的省份。

第二，各项指数的极差均扩大，信息化最高水平地区与最低水平地区差距加大。2003～2014 年，信息化水平最高地区与最低地区差距扩大了 48.78%，其中应用水平指数差距拉大最为严重，扩大了 129.23%，发展环境指数差距最小，只扩大了 9.51%，如表 5-3 所示。

区域信息化发展不平衡状况加剧的原因：

一是区域经济发展的不平衡。信息化水平与区域经济发展程度紧密相

① 根据国家统计局 2005 年以后的划分：东部地区有北京、天津、河北、上海、江苏、浙江、福建、山东、广东和海南 10 省份；中部地区有山西、安徽、江西、河南、湖北和湖南 6 省份；西部地区有内蒙古、广西、重庆、四川、贵州、云南、西藏、陕西、甘肃、青海、宁夏和新疆 12 省份；东北地区有辽宁、吉林和黑龙江 3 省份。

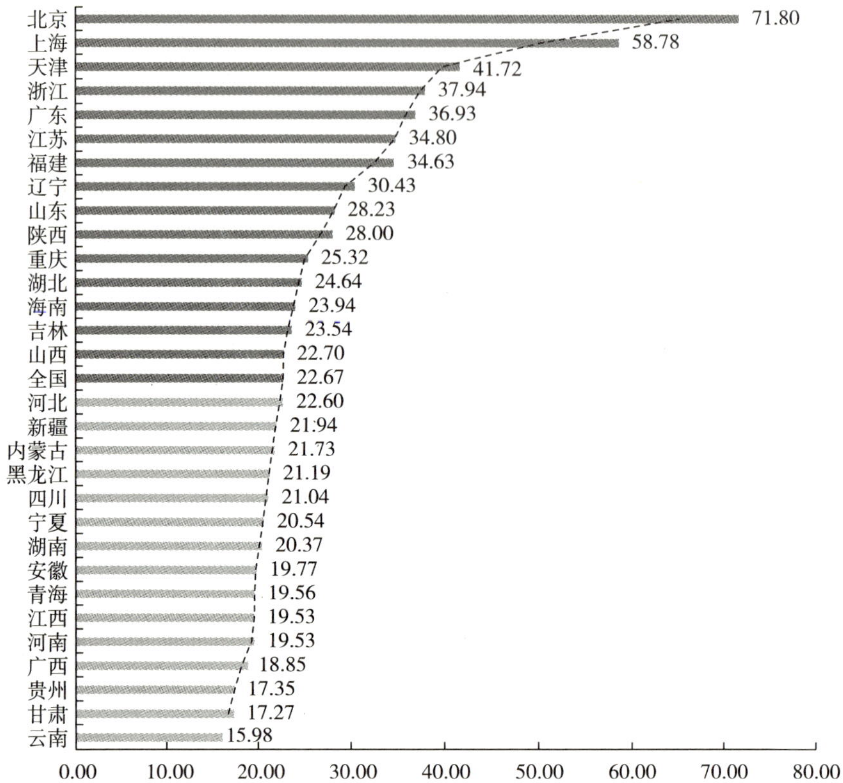

图 5-4　2014 年中国各省份信息化动态综合指数

关，我国区域经济发展差距的扩大是导致区域间信息化不平衡状况加剧的重要原因。

二是信息化基础设施作用的不断发挥。不同区域信息化基础设施不同，发达区域有能力提供良好的信息化基础设施，而欠发达地区的信息化基础设施则相对较差，不同质量的信息化基础设施发挥不同作用进一步导致区域间信息化差距的扩大。

三是信息化应用加速推广。从 2011 年开始，移动互联网进入飞速发展阶段，推动各项信息化应用的快速发展，这在一定程度上拉大了区域间信息化应用水平，而信息化应用指数在信息化指标体系中权重最大，达到

40.71（见图 5-1），导致区域信息化不平衡加剧。

（三）移动电话快速普及成为缩小区域信息鸿沟的重要因素

从表 5-3 可知，仅有三项指标的极差变化值是缩小的，其余均是扩大，其中移动电话拥有率最高地区与最低地区的差距缩小了 36.55%，研发强度和人均受教育经费分别缩小了 19.77%和 9.35%。2014 年，中国有 10 个省市手机普及率达到 100%，普及率最低的江西达到了 64.69%，相当于上海 2003 年水平。

表 5-3 2003~2014 年各项指标极差扩大（缩小）率

一级指标	变化	二级指标	变化	三级指标	变化
动态信息化综合指数	48.78% ↑	基础设施指数	90.23% ↑	单位面积长途光缆线长度	14.21% ↑
				互联网宽带接入端口比率	318.78% ↑
		应用水平指数	129.23% ↑	移动电话拥有率	36.55% ↓
				互联网普及率	63.57% ↑
				计算机拥有率	159.6% ↑
				域名持有量	2014.75% ↑
				网站拥有量	149.73% ↑
		信息产业指数	83.93% ↑	电子信息产业制造业员工平均营业收入	45.44% ↑
				信息服务从业人员就业占比	135.83% ↑
		发展环境指数	9.51% ↑	大学毕业生占比	18.36% ↑
				研发强度	19.77% ↓
				人均教育经费投入	7.35% ↓
				人均电信业务消费量	301.37% ↑

移动电话能够缩小区域信息鸿沟的原因：伴随移动通信网络技术的迅猛发展，移动电话成为信息化落后地区最易普及、最受欢迎的数字生活供给，移动电话能够为贫困人口提供最便捷的联网入口。“手机是移动互联网

普及的最主要途径，如果不能让更多人获得可负担的互联网服务，那么全球很大一部分人口将持续面临数字贫困，无法享受 ICT 带来的巨大社会经济效益”。（Thierry Geiger，2015）

（四）信息化指数较低地区增长速度相对较快

从 2014 年中国各地区信息化指数与 2003~2014 年年均增长率的散点图（见图 5-5）可以看出，2003~2014 年，信息化指数较低的贵州、内蒙古、海南、江西等地区，信息化年均增长率较高，而信息化指数较高的北京、上海、天津、广东、浙江等地区其信息化指数年均增长率相对较小，即综合信息化指数较低的省份增长速度相对较快。

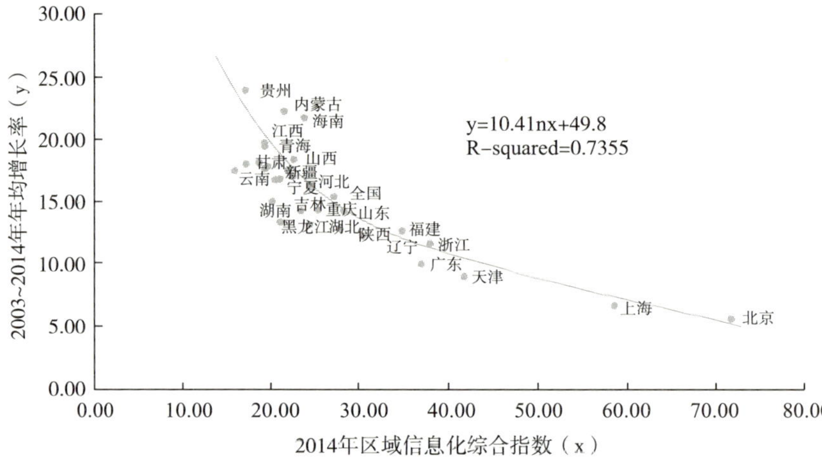

图 5-5　2014 年中国各地区信息化指数与 2003~2014 年年均增长率的散点图

注：通过 R 软件描绘出 2014 年中国各地区信息化指数与 2003~2014 年年均增长率的散点图，图中横坐标是 2014 年区域信息化综合指数，纵坐标是 2003~2014 年各地区信息化综合指数年均增长率，y=10.4lnx+49.8 是回归模型，拟合优度是 0.7355。从图上清晰可见，信息化指数较低的贵州、内蒙古、海南、江西等地区，信息化年均增长率较高，处于 15%~25%的高增长阶段，而信息化指数较高的北京、上海、天津、广东、浙江等地区年均增长率较低。

产生这种现象的原因有两点：

一是信息化水平较高区域的发展空间逐步饱满，增长速度放缓；

二是地方政府信息化政策作用和新兴信息技术的扩散作用共同推动落后地区信息化快速发展。

第二节 产业结构转型升级测度研究

一、产业结构转型升级测度方法评述

目前尚未有关于产业结构转型升级公认的、权威的测度方法，而且学者基于不同的研究视角，对于产业结构转型升级的测度方法也有差异。有学者利用产业结构合理化或高度化来衡量产业结构转型升级程度，这种测度方法只能反映产业结构的合理化或者高度化水平，无法全面反映出产业结构的转型升级程度；也有学者通过产业结构升级程度衡量产业结构转型升级水平，产业结构转型升级过程中，既有“转型”也有“升级”，因此仅衡量产业结构升级程度必然存在一定的不足。

二、产业结构转型升级测评方法改进

产业结构转型升级是一个动态的演进过程，它不仅体现在产业结构的合理化、高度化，还体现在产业结构的高级化和转型化。因此仅用单一指标很难对产业结构转型升级现状进行全面合理的评价，需要采用多指标综合评价的方法。本书在前人研究基础上，结合第三章关于信息化对产业结构转型升级的影响机理研究，认为产业结构转型升级过程也是产业结构的合理化、高度化、升级化和转型化互为基础、互相渗透、互相作用的过程。

产业结构合理化和高度化能够很好地反映产业结构当前的基本形态，产业结构升级化和转型化则能够很好地反映产业结构未来的变化趋势。产业结构的高度化、升级化以合理化为基础，没有合理的产业结构就无从谈起产业结构升级发展，同样，没有产业结构的升级也就谈不上高度化和转型化。产业结构转型化的前提是产业结构达到一定的合理化高度。反过来，产业结构转型化能促使产业结构向更高级的形态发展，提高产业结构合理化程度。因此，本书选择产业结构合理化、高度化、升级化和转型化四项指标构建我国产业结构转型升级指标评价体系，并通过熵权法客观求取各项指标权重，最后综合求出我国产业结构转型升级指数。

三、产业结构转型升级评价体系构建

（一）指标选择

根据上述分析，本书从产业结构合理化、高度化、升级化及转型化四个维度构建我国产业结构转型升级指标评价体系，如图 5-6 所示。

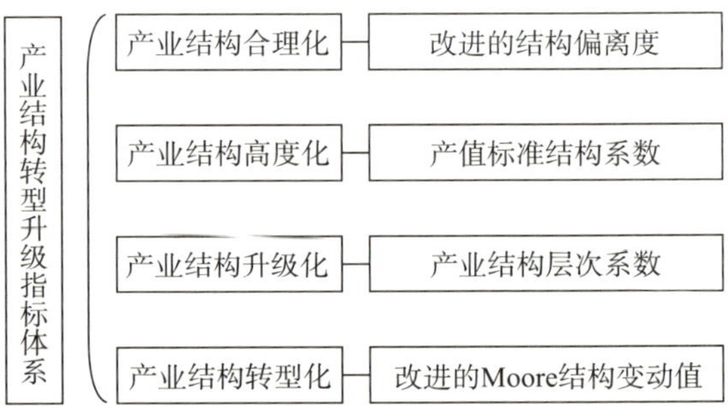

图 5-6　产业结构转型升级指标体系

1. 产业结构合理化（Rationalization of Industrial Structure）

根据产业结构演变理论，产业结构调整是推动经济增长的动力之一。产业结构合理化是产业之间不断调整下的有序协调状态，代表着产业之间相互作用产生的合力。关于产业结构合理化的测度通常采用产业结构偏离度公式计算：

$$D=\sum_{j=1}^{n}\left|\frac{Y_{ij}}{L_{ij}}\Big/\frac{Y_i}{L_i}-1\right|\ (i=1,2,3,\cdots,30;\ j=1,2,3) \tag{5-5a}$$

式中，Y_i 为 i 省三次产业总增加值，Y_{ij} 为 i 省第 j 产业的增加值，L_i 为总从业人数，L_{ij} 为 i 省第 j 产业的从业人数。对式（5-5a）进行简化，得到：

$$D=\sum_{j=1}^{n}\left|\frac{y_{ij}}{l_{ij}}-1\right|\ (i=1,2,3,\cdots,30;\ j=1,2,3) \tag{5-5b}$$

y_{ij} 和 l_{ij} 分别代表 i 省第 j 产业产值和劳动力比重。从式（5-5b）可以发现，D 指数反映的是三次产业人均劳动生产率（y_{ij}/l_{ij}）的加总，而没有体现不同产业在区域经济中的比重。因此，干春晖等（2011）、靳涛（2013）借用“泰尔指数”对式（5-5a）进行了改进。

$$TL=\sum_{j=1}^{n}\left(\frac{Y_{ij}}{Y_i}\right)LN\left(\frac{Y_{ij}}{L_{ij}}\Big/\frac{Y_i}{L_i}\right)\ (i=1,2,3,\cdots,30;\ j=1,2,3) \tag{5-6}$$

式（5-6）既可以反映产值结构和劳动力结构的这些关于产业结构偏离度的基本含义，也可以发映产业结构中不同产业在区域经济中的重要性，但是没有注意到计算值中出现正负相抵消的情况，从而造成结果值偏小，出现“假合理化”的结论。对此，学术界对式（5-6）进行了再次改进，即本书所使用的产业结构偏离度公式如下。

$$DIS=\sum_{j=1}^{n}\left(\frac{Y_{ij}}{Y_i}\right)\sqrt{\left(\frac{Y_{ij}}{L_{ij}}\Big/\frac{Y_i}{L_i}-1\right)^2}\ (i=1,2,3,\cdots,30;\ j=1,2,3) \tag{5-7}$$

式（5-7）避免了计算中出现正负相抵消的情况，是测度产业结构偏离程度的一个比较科学的指标。DIS 值越大，则产业结构偏离均衡状态越远，地区经济结构越不合理。

根据式（5-7）计算我国产业结构偏离度（见表 5-4）如下。

表 5-4 产业结构偏离度

地区	2003 年	2004 年	2005 年	2006 年	2007 年	2008 年	2009 年	2010 年	2011 年	2012 年	2013 年	2014 年
全国	0.88	0.88	0.79	0.79	0.76	0.77	0.69	0.72	0.71	0.68	0.63	0.58
北京	0.09	0.21	0.07	0.07	0.07	0.07	0.07	0.07	0.06	0.06	0.06	0.05
天津	0.17	0.18	0.22	0.27	0.26	0.34	0.18	0.18	0.18	0.17	0.14	0.17
河北	0.69	0.63	0.58	0.56	0.53	0.53	0.49	0.47	0.45	0.41	0.39	0.38
山西	0.85	0.88	0.79	0.77	0.83	0.86	0.68	0.73	0.76	0.64	0.58	0.54
内蒙古	1.08	1.27	1.09	1.19	1.22	1.34	1.22	1.26	1.26	1.16	1.12	1.03
辽宁	0.47	0.45	0.47	0.51	0.59	0.69	0.57	0.62	0.67	0.64	0.55	0.50
吉林	0.86	0.82	0.73	0.75	0.79	0.80	0.80	0.92	0.97	0.95	0.81	0.75
黑龙江	1.21	1.17	0.94	0.95	0.83	0.91	0.74	0.91	0.91	0.65	0.54	0.47
上海	0.19	0.24	0.20	0.21	0.08	0.08	0.05	0.03	0.03	0.05	0.04	0.04
江苏	0.47	0.43	0.39	0.36	0.31	0.29	0.26	0.24	0.23	0.22	0.21	0.20
浙江	0.32	0.29	0.27	0.25	0.22	0.21	0.20	0.17	0.15	0.18	0.16	0.19
安徽	0.82	0.75	0.64	0.62	0.56	0.54	0.56	0.67	0.75	0.71	0.67	0.58
福建	0.55	0.51	0.45	0.41	0.37	0.34	0.33	0.32	0.28	0.26	0.25	0.25
江西	0.45	0.44	0.47	0.50	0.55	0.59	0.48	0.55	0.54	0.48	0.45	0.40
山东	0.75	0.72	0.61	0.59	0.53	0.56	0.52	0.48	0.44	0.41	0.38	0.36
河南	1.10	1.02	0.93	0.89	0.82	0.79	0.71	0.68	0.65	0.60	0.54	0.53
湖北	0.81	0.78	0.69	0.73	0.70	0.72	0.78	0.81	0.82	0.81	0.75	0.64
湖南	0.71	0.62	0.60	0.61	0.59	0.58	0.58	0.61	0.63	0.62	0.60	0.60
广东	0.43	0.41	0.41	0.38	0.37	0.35	0.35	0.32	0.28	0.28	0.27	0.26
广西	1.18	1.21	1.03	1.08	0.93	0.98	0.88	0.94	0.94	0.96	0.94	0.89
海南	0.54	0.54	0.59	0.65	0.75	0.69	0.62	0.60	0.59	0.57	0.48	0.43
重庆	0.81	0.77	0.68	0.73	0.77	0.77	0.86	0.85	0.77	0.62	0.54	0.45
四川	0.74	0.70	0.71	0.71	0.63	0.61	0.63	0.66	0.67	0.63	0.62	0.55
贵州	3.38	3.55	2.87	2.36	2.25	2.09	1.82	1.68	1.58	1.46	1.35	1.23
云南	2.17	2.15	1.79	1.75	1.68	1.55	1.41	1.44	1.28	1.21	1.17	1.12
陕西	0.94	0.97	1.00	1.11	1.03	1.07	0.74	0.66	0.64	1.21	1.08	1.03
甘肃	1.02	1.06	1.33	1.39	1.40	1.35	1.30	1.37	1.35	1.27	1.19	1.12
青海	1.18	1.13	1.04	1.00	0.94	0.96	0.86	0.88	0.95	0.93	0.97	0.82

续表

地区	2003 年	2004 年	2005 年	2006 年	2007 年	2008 年	2009 年	2010 年	2011 年	2012 年	2013 年	2014 年
宁夏	1.26	1.31	1.05	1.01	1.11	1.02	0.80	1.14	1.19	1.14	1.07	0.91
新疆	1.11	1.27	0.99	1.32	1.18	1.37	1.06	1.21	1.16	1.03	0.90	0.84

资料来源：作者根据各省历年统计年鉴的有关数据计算整理。

由于本书需要构建产业结构转型升级的指标评价体系，而产业结构偏离度（DIS）与转型升级程度成反比，即 DIS 值越大则产业结构越不合理，产业结构转型升级程度越低。因此，为了更加直观地反映产业结构合理化程度，也为了构建产业结构转型升级指标体系的需要，本书设定产业结构偏离度的倒数来表示产业结构合理程度（RIS）式（5-8）。RIS 值越大则产业结构合理化水平越高。

$$RIS = 1/DIS = 1/\sum_{j=1}^{n}\left(\frac{Y_{ij}}{Y_i}\right)\sqrt{\left(\frac{Y_{ij}}{L_{ij}}/\frac{Y_i}{L_i}-1\right)^2} \tag{5-8}$$

根据式（5-8）计算我国产业结构合理化水平如表 5-5 所示。

表 5-5 产业结构合理化指标

地区	2003 年	2004 年	2005 年	2006 年	2007 年	2008 年	2009 年	2010 年	2011 年	2012 年	2013 年	2014 年
全国	1.14	1.13	1.27	1.27	1.31	1.30	1.46	1.40	1.42	1.48	1.59	1.73
北京	11.50	4.78	13.73	14.71	15.01	13.84	14.87	14.74	17.24	17.58	18.14	20.15
天津	5.74	5.65	4.58	3.76	3.91	2.92	5.54	5.70	5.63	5.86	7.28	5.72
河北	1.46	1.58	1.73	1.79	1.90	1.89	2.04	2.12	2.21	2.42	2.58	2.62
山西	1.18	1.14	1.26	1.30	1.21	1.16	1.47	1.38	1.32	1.55	1.72	1.85
内蒙古	0.92	0.79	0.92	0.84	0.82	0.75	0.82	0.79	0.79	0.86	0.90	0.97
辽宁	2.15	2.22	2.14	1.98	1.69	1.44	1.75	1.61	1.50	1.57	1.83	2.01
吉林	1.16	1.22	1.38	1.33	1.26	1.26	1.25	1.08	1.03	1.06	1.24	1.33
黑龙江	0.83	0.85	1.06	1.05	1.20	1.10	1.35	1.10	1.10	1.55	1.84	2.15
上海	5.34	4.11	4.98	4.69	13.13	12.68	20.98	29.07	30.25	18.82	26.64	25.85
江苏	2.13	2.31	2.54	2.79	3.21	3.45	3.77	4.14	4.43	4.64	4.80	4.89

续表

地区	2003年	2004年	2005年	2006年	2007年	2008年	2009年	2010年	2011年	2012年	2013年	2014年
浙江	3.12	3.46	3.67	4.02	4.65	4.87	5.04	5.85	6.48	5.70	6.12	5.19
安徽	1.21	1.33	1.55	1.60	1.78	1.85	1.78	1.50	1.34	1.41	1.50	1.72
福建	1.81	1.97	2.23	2.46	2.73	2.91	3.07	3.16	3.51	3.80	3.97	3.96
江西	2.24	2.28	2.14	2.01	1.82	1.70	2.09	1.83	1.85	2.08	2.22	2.48
山东	1.34	1.39	1.63	1.69	1.89	1.80	1.92	2.08	2.28	2.43	2.63	2.77
河南	0.91	0.98	1.08	1.13	1.22	1.27	1.40	1.46	1.55	1.66	1.85	1.88
湖北	1.24	1.28	1.45	1.37	1.43	1.40	1.28	1.24	1.21	1.24	1.33	1.57
湖南	1.41	1.62	1.66	1.64	1.70	1.71	1.72	1.64	1.59	1.62	1.66	1.66
广东	2.30	2.41	2.46	2.65	2.73	2.83	2.88	3.11	3.55	3.55	3.68	3.78
广西	0.85	0.83	0.97	0.93	1.08	1.02	1.13	1.06	1.07	1.05	1.07	1.12
海南	1.86	1.86	1.70	1.53	1.34	1.44	1.61	1.67	1.71	1.77	2.08	2.31
重庆	1.24	1.30	1.46	1.37	1.30	1.30	1.17	1.18	1.30	1.62	1.87	2.24
四川	1.35	1.42	1.41	1.40	1.60	1.63	1.58	1.52	1.48	1.58	1.62	1.80
贵州	0.30	0.28	0.35	0.42	0.45	0.48	0.55	0.59	0.63	0.69	0.74	0.81
云南	0.46	0.47	0.56	0.57	0.60	0.64	0.71	0.69	0.78	0.83	0.85	0.89
陕西	1.06	1.03	1.00	0.90	0.97	0.94	1.35	1.51	1.57	0.83	0.92	0.97
甘肃	0.98	0.95	0.75	0.72	0.71	0.74	0.77	0.73	0.74	0.79	0.84	0.89
青海	0.85	0.89	0.96	1.00	1.07	1.04	1.17	1.14	1.05	1.07	1.03	1.21
宁夏	0.79	0.77	0.95	0.99	0.90	0.98	1.25	0.88	0.84	0.87	0.93	1.10
新疆	0.90	0.78	1.01	0.76	0.84	0.73	0.94	0.83	0.86	0.97	1.11	1.19

资料来源：作者根据各省历年统计年鉴的有关数据计算整理。

2. 产业结构高度化（Supererogation of Industrial Structure）

高度化是指产业伴随经济的不断发展而不断高附加值化、高技术化、高集约化和高加工化的过程，产业结构则由低级向更高一级演进所达到的高度。考虑到各省数据的可得性，本书根据吴敬琏（2006）、刘伟（2008）、干春晖（2011）等学者的研究成果，选择用第三产业增加值与第二产业增加值之比来衡量产业结构高度化式（5-9）。

$$SIS = Y_{i3}/Y_{i2} \quad (i=1, 2, 3, \cdots, 30) \tag{5-9}$$

根据式（5-9）计算我国产业结构高度化水平如表 5-6 所示。

表 5-6 产业结构高度化指标

地区	2003 年	2004 年	2005 年	2006 年	2007 年	2008 年	2009 年	2010 年	2011 年	2012 年	2013 年	2014 年
全国	0. 87	0. 80	0. 91	0. 87	0. 86	0. 83	0. 93	0. 88	0. 87	0. 91	0. 95	1. 05
北京	1. 72	1. 60	2. 34	2. 55	2. 69	2. 85	3. 21	3. 13	3. 29	3. 37	3. 45	3. 66
天津	0. 89	0. 81	0. 75	0. 70	0. 71	0. 63	0. 85	0. 88	0. 88	0. 91	0. 95	1. 01
河北	0. 65	0. 60	0. 64	0. 65	0. 64	0. 61	0. 68	0. 66	0. 65	0. 67	0. 68	0. 73
山西	0. 61	0. 54	0. 66	0. 63	0. 59	0. 56	0. 72	0. 65	0. 60	0. 70	0. 74	0. 90
内蒙古	0. 78	0. 66	0. 87	0. 78	0. 69	0. 61	0. 72	0. 66	0. 62	0. 64	0. 68	0. 77
辽宁	0. 86	0. 86	0. 80	0. 75	0. 69	0. 62	0. 74	0. 69	0. 67	0. 72	0. 73	0. 83
吉林	0. 78	0. 74	0. 90	0. 88	0. 82	0. 80	0. 78	0. 69	0. 66	0. 65	0. 67	0. 69
黑龙江	0. 55	0. 49	0. 63	0. 62	0. 66	0. 66	0. 83	0. 74	0. 72	0. 92	1. 01	1. 24
上海	0. 97	0. 94	1. 04	1. 04	1. 13	1. 18	1. 49	1. 36	1. 40	1. 55	1. 67	1. 87
江苏	0. 67	0. 62	0. 63	0. 64	0. 67	0. 69	0. 73	0. 79	0. 83	0. 87	0. 91	0. 99
浙江	0. 75	0. 72	0. 75	0. 74	0. 75	0. 76	0. 83	0. 84	0. 86	0. 91	0. 94	1. 00
安徽	0. 82	0. 79	0. 99	0. 93	0. 87	0. 80	0. 75	0. 65	0. 60	0. 60	0. 60	0. 67
福建	0. 82	0. 79	0. 79	0. 80	0. 81	0. 79	0. 84	0. 78	0. 76	0. 76	0. 75	0. 76
江西	0. 85	0. 74	0. 74	0. 67	0. 62	0. 59	0. 67	0. 61	0. 61	0. 65	0. 66	0. 70
山东	0. 65	0. 57	0. 56	0. 56	0. 59	0. 59	0. 62	0. 68	0. 72	0. 78	0. 82	0. 90
河南	0. 64	0. 59	0. 58	0. 55	0. 55	0. 50	0. 52	0. 50	0. 52	0. 55	0. 58	0. 73
湖北	0. 78	0. 77	0. 94	0. 91	0. 98	0. 92	0. 85	0. 78	0. 74	0. 73	0. 77	0. 88
湖南	1. 09	1. 01	1. 02	0. 98	0. 93	0. 86	0. 95	0. 87	0. 80	0. 82	0. 86	0. 91
广东	0. 72	0. 66	0. 85	0. 83	0. 84	0. 83	0. 93	0. 90	0. 91	0. 96	1. 01	1. 06
广西	1. 07	0. 95	1. 09	1. 02	0. 94	0. 88	0. 86	0. 75	0. 70	0. 74	0. 75	0. 81
海南	1. 80	1. 69	1. 70	1. 46	1. 37	1. 35	1. 69	1. 67	1. 61	1. 67	1. 74	2. 07
重庆	0. 96	0. 89	1. 07	1. 04	0. 92	0. 86	0. 72	0. 66	0. 65	0. 75	0. 82	1. 02
四川	0. 91	0. 92	0. 93	0. 86	0. 83	0. 75	0. 77	0. 70	0. 64	0. 67	0. 68	0. 79
贵州	0. 83	0. 76	0. 95	0. 93	1. 00	0. 98	1. 28	1. 21	1. 27	1. 23	1. 15	1. 07
云南	0. 84	0. 79	0. 96	0. 90	0. 90	0. 91	0. 97	0. 90	0. 98	0. 96	1. 00	1. 05
陕西	0. 83	0. 76	0. 75	0. 65	0. 64	0. 59	0. 74	0. 68	0. 63	0. 62	0. 63	0. 68
甘肃	0. 76	0. 68	0. 94	0. 86	0. 81	0. 84	0. 89	0. 77	0. 82	0. 87	0. 91	1. 03

续表

地区	2003 年	2004 年	2005 年	2006 年	2007 年	2008 年	2009 年	2010 年	2011 年	2012 年	2013 年	2014 年
青海	0.87	0.80	0.81	0.73	0.68	0.62	0.69	0.63	0.55	0.57	0.57	0.69
宁夏	0.72	0.65	0.90	0.80	0.75	0.68	0.85	0.85	0.82	0.85	0.85	0.89
新疆	0.84	0.74	0.80	0.72	0.76	0.68	0.82	0.68	0.70	0.78	0.83	0.96

资料来源：作者根据各省历年统计年鉴的有关数据计算整理。

3. 产业结构升级化（Upgradation of Industrial Structure）

产业结构升级化则是要反映产业结构从低级升级到高级的过程。关于产业结构升级化的测度，有从区域产业特征出发使用不同产业在工业总产值中的不同比重来表示产业结构升级情况（安苑和王珺，2012），也有用产业结构的高级化率（纪玉山和吴勇民，2006），或者产业结构相似系数（曾国平和王燕飞，2007）来衡量，但这些测度方法均不能从整体上反映出产业结构升级化程度。从配第—克拉克定理（Colin Clark，1947）、库兹涅茨的产业结构演变规律（Simon Smith Kuznets，1947）以及钱纳里工业化阶段理论（Hollis B. Chenery，1956）可知，在经济发展过程中，产业结构高级化的特征是第三产业的地位越来越突出，第一产业的比重相对降低，因此，本书在测度各区域产业结构高级化程度时采用产业结构升级系数法（李逢春，2012；蓝庆新和陈超凡，2013），构建产业结构升级化水平测度公式。

$$UIS = \sum_{i=1}^{3} y_i \times i = y_1 \times 1 + y_2 \times 2 + y_3 \times 3,\ 1 \leqslant UIS \leqslant 3 \tag{5-10}$$

根据式（5-10）计算我国产业结构升级化水平如表 5-7 所示。

表 5-7 产业结构升级化指标

地区	2003 年	2004 年	2005 年	2006 年	2007 年	2008 年	2009 年	2010 年	2011 年	2012 年	2013 年	2014 年
全国	2.24	2.22	2.26	2.27	2.27	2.26	2.30	2.29	2.29	2.30	2.31	2.34
北京	2.59	2.58	2.68	2.70	2.71	2.72	2.75	2.74	2.75	2.76	2.76	2.77
天津	2.42	2.40	2.39	2.38	2.38	2.36	2.44	2.45	2.45	2.46	2.47	2.48

续表

地区	2003 年	2004 年	2005 年	2006 年	2007 年	2008 年	2009 年	2010 年	2011 年	2012 年	2013 年	2014 年
河北	2. 18	2. 16	2. 18	2. 20	2. 21	2. 21	2. 22	2. 22	2. 23	2. 23	2. 23	2. 26
山西	2. 26	2. 24	2. 31	2. 31	2. 31	2. 30	2. 33	2. 31	2. 29	2. 33	2. 34	2. 38
内蒙古	2. 16	2. 14	2. 24	2. 24	2. 23	2. 22	2. 29	2. 27	2. 26	2. 26	2. 27	2. 30
辽宁	2. 31	2. 30	2. 29	2. 28	2. 26	2. 25	2. 29	2. 28	2. 28	2. 29	2. 30	2. 34
吉林	2. 16	2. 15	2. 22	2. 24	2. 23	2. 24	2. 25	2. 24	2. 23	2. 23	2. 24	2. 25
黑龙江	2. 20	2. 18	2. 21	2. 22	2. 22	2. 21	2. 26	2. 25	2. 23	2. 25	2. 24	2. 28
上海	2. 47	2. 47	2. 50	2. 50	2. 52	2. 53	2. 59	2. 57	2. 57	2. 60	2. 62	2. 64
江苏	2. 28	2. 26	2. 27	2. 29	2. 31	2. 31	2. 33	2. 35	2. 36	2. 37	2. 39	2. 41
浙江	2. 32	2. 32	2. 33	2. 34	2. 35	2. 36	2. 38	2. 39	2. 39	2. 40	2. 41	2. 43
安徽	2. 18	2. 16	2. 23	2. 24	2. 23	2. 21	2. 22	2. 20	2. 19	2. 20	2. 21	2. 24
福建	2. 26	2. 26	2. 26	2. 27	2. 29	2. 29	2. 32	2. 30	2. 30	2. 30	2. 30	2. 31
江西	2. 17	2. 14	2. 17	2. 17	2. 16	2. 15	2. 20	2. 20	2. 22	2. 23	2. 24	2. 26
山东	2. 23	2. 21	2. 21	2. 23	2. 24	2. 24	2. 25	2. 27	2. 30	2. 31	2. 33	2. 35
河南	2. 14	2. 11	2. 12	2. 13	2. 16	2. 14	2. 15	2. 15	2. 17	2. 18	2. 19	2. 25
湖北	2. 23	2. 20	2. 24	2. 26	2. 27	2. 25	2. 26	2. 24	2. 24	2. 24	2. 26	2. 30
湖南	2. 23	2. 19	2. 21	2. 23	2. 22	2. 20	2. 26	2. 25	2. 24	2. 25	2. 28	2. 31
广东	2. 30	2. 29	2. 37	2. 37	2. 38	2. 37	2. 41	2. 40	2. 40	2. 41	2. 43	2. 44
广西	2. 15	2. 12	2. 18	2. 18	2. 17	2. 17	2. 19	2. 18	2. 17	2. 19	2. 20	2. 22
海南	2. 03	2. 03	2. 08	2. 07	2. 11	2. 10	2. 17	2. 20	2. 19	2. 22	2. 24	2. 29
重庆	2. 27	2. 23	2. 29	2. 33	2. 31	2. 30	2. 29	2. 28	2. 28	2. 31	2. 33	2. 39
四川	2. 17	2. 16	2. 18	2. 19	2. 17	2. 16	2. 21	2. 21	2. 19	2. 21	2. 22	2. 26
贵州	2. 13	2. 13	2. 21	2. 23	2. 26	2. 25	2. 34	2. 34	2. 36	2. 35	2. 34	2. 31
云南	2. 16	2. 15	2. 20	2. 20	2. 22	2. 21	2. 24	2. 25	2. 26	2. 25	2. 26	2. 28
陕西	2. 26	2. 23	2. 26	2. 25	2. 24	2. 22	2. 29	2. 27	2. 25	2. 25	2. 25	2. 28
甘肃	2. 17	2. 15	2. 25	2. 25	2. 24	2. 25	2. 26	2. 23	2. 26	2. 26	2. 27	2. 31
青海	2. 29	2. 26	2. 27	2. 27	2. 25	2. 23	2. 27	2. 25	2. 23	2. 24	2. 23	2. 28
宁夏	2. 21	2. 20	2. 30	2. 28	2. 27	2. 25	2. 32	2. 32	2. 32	2. 33	2. 33	2. 35
新疆	2. 14	2. 14	2. 16	2. 17	2. 18	2. 17	2. 19	2. 13	2. 17	2. 18	2. 20	2. 24

资料来源：作者根据各省历年统计年鉴的有关数据计算整理。

4. 产业结构转型化（Transition of Industrial Structure）

产业结构转型化是指产业结构从一种形态转换到另一种形态的过程。Moore 结构变动值是摩尔（J. Moore，1987）提出的关于产业结构变化测量的一种方法，能很好地反映产业结构的形态变换［如式（5-11）］。但由于 Moore 结构变动值只能测度产业结构变化率，不能测度产业结构变动的方向，为此许多学者如刘志彪（2002）、靖学青（2008）、付凌晖（2010）等尝试过对公式进行改进。Moore 结构变化值以向量空间中的夹角为基础，运用空间向量测定方法，将三次产业共分为 3 个部门，每个部门增加值占比作为空间向量中的一个分量，构成一个 3 维向量：$X_0=(x_{10},\ x_{20},\ x_{30})$。然后，分别计算 X_0与三个空间分向量的夹角值：θ_j［式（5-12）］，本书根据付凌晖（2010）的研究成果，以所有夹角的变化幅度与相应空间分向量权重乘积之和作为反映产业结构转型情况的指标。

$$M^{+}=\cos(\theta)=\left(\frac{\vec{Y}\cdot\vec{Y_j}}{|\overline{Y}|\cdot|\overline{Y_j}|}\right)=\left\{\frac{\sum_{i=1}^{3}(y_{i,j}\cdot y_{i,0})}{\left[\sum_{i=1}^{3}(y^2{}_{i,j})\right]^{1/2}\cdot\left[\sum_{i=1}^{3}(y^2{}_{i,0})\right]^{1/2}}\right\} \tag{5-11}$$

$$\theta_j=\arccos\left(\frac{\vec{Y}\cdot\vec{Y_j}}{|\overline{Y}|\cdot|\overline{Y_j}|}\right)=\arccos\left\{\frac{\sum_{i=1}^{3}(y_{i,j}\cdot y_{i,0})}{\left[\sum_{i=1}^{3}(y^2{}_{i,j})\right]^{1/2}\cdot\left[\sum_{i=1}^{3}(y^2{}_{i,0})\right]^{1/2}}\right\}\ (j=1,\ 2,\ 3) \tag{5-12}$$

$$TIS=\sum_{k=1}^{3}\sum_{j=1}^{k}\theta_j\ (j=1,\ 2,\ 3) \tag{5-13}$$

经过计算可得产业结构转型化指标，如表 5-8 所示。

表 5-8 产业结构转型化指标

地区	2003年	2004年	2005年	2006年	2007年	2008年	2009年	2010年	2011年	2012年	2013年	2014年
全国	6.35	6.32	6.41	6.44	6.45	6.44	6.52	6.51	6.52	6.54	6.56	6.62
北京	7.22	7.19	7.40	7.43	7.46	7.47	7.51	7.51	7.53	7.53	7.54	7.56
天津	6.86	6.82	6.80	6.78	6.81	6.77	6.92	6.93	6.95	6.96	6.99	7.02
河北	6.24	6.19	6.24	6.29	6.31	6.32	6.35	6.35	6.37	6.38	6.37	6.42
山西	6.47	6.44	6.61	6.60	6.62	6.61	6.63	6.61	6.59	6.65	6.66	6.75
内蒙古	6.13	6.11	6.35	6.37	6.37	6.35	6.51	6.48	6.46	6.47	6.48	6.55
辽宁	6.55	6.51	6.49	6.48	6.46	6.44	6.53	6.52	6.52	6.54	6.55	6.64
吉林	6.14	6.14	6.28	6.34	6.34	6.35	6.37	6.38	6.36	6.37	6.39	6.42
黑龙江	6.33	6.31	6.33	6.35	6.33	6.32	6.41	6.39	6.34	6.36	6.32	6.43
上海	6.99	6.98	7.05	7.05	7.10	7.12	7.23	7.19	7.21	7.26	7.29	7.34
江苏	6.50	6.48	6.51	6.56	6.58	6.60	6.64	6.69	6.71	6.73	6.76	6.82
浙江	6.60	6.60	6.65	6.67	6.70	6.72	6.76	6.77	6.78	6.81	6.83	6.88
安徽	6.19	6.14	6.29	6.32	6.31	6.28	6.30	6.28	6.29	6.31	6.32	6.39
福建	6.41	6.41	6.41	6.45	6.51	6.49	6.57	6.55	6.54	6.55	6.55	6.58
江西	6.16	6.09	6.18	6.19	6.17	6.16	6.28	6.31	6.35	6.37	6.39	6.45
山东	6.36	6.34	6.36	6.40	6.42	6.42	6.45	6.49	6.54	6.58	6.60	6.67
河南	6.14	6.07	6.10	6.14	6.20	6.19	6.20	6.20	6.25	6.28	6.30	6.41
湖北	6.32	6.26	6.33	6.38	6.42	6.36	6.40	6.38	6.37	6.38	6.41	6.51
湖南	6.29	6.20	6.24	6.31	6.28	6.23	6.40	6.38	6.36	6.40	6.45	6.52
广东	6.57	6.55	6.71	6.72	6.75	6.74	6.81	6.80	6.81	6.83	6.86	6.90
广西	6.09	6.02	6.16	6.17	6.16	6.15	6.20	6.20	6.18	6.23	6.25	6.31
海南	5.87	5.85	5.96	5.91	6.00	5.97	6.17	6.23	6.21	6.27	6.33	6.46
重庆	6.40	6.32	6.45	6.56	6.53	6.51	6.51	6.51	6.51	6.58	6.63	6.76
四川	6.15	6.13	6.18	6.21	6.16	6.14	6.28	6.29	6.27	6.30	6.34	6.43
贵州	6.06	6.07	6.25	6.30	6.37	6.35	6.58	6.58	6.64	6.61	6.58	6.51
云南	6.13	6.10	6.23	6.22	6.27	6.26	6.31	6.36	6.37	6.36	6.37	6.42
陕西	6.41	6.35	6.43	6.42	6.41	6.37	6.51	6.47	6.44	6.45	6.45	6.51
甘肃	6.18	6.14	6.36	6.37	6.36	6.36	6.38	6.33	6.40	6.41	6.42	6.51
青海	6.49	6.43	6.45	6.45	6.44	6.38	6.48	6.43	6.41	6.42	6.40	6.50

续表

地区	2003年	2004年	2005年	2006年	2007年	2008年	2009年	2010年	2011年	2012年	2013年	2014年
宁夏	6. 30	6. 28	6. 50	6. 48	6. 46	6. 43	6. 59	6. 58	6. 59	6. 62	6. 62	6. 67
新疆	6. 07	6. 09	6. 14	6. 19	6. 19	6. 21	6. 22	6. 08	6. 18	6. 21	6. 23	6. 34

资料来源：作者根据各省历年统计年鉴的有关数据计算整理。

（二）方法选择

本书选用熵权法。熵权法的基本原理是将评价对象中各个待评价单元的信息进行量化与综合后，再利用综合评价矩阵和各因素的输出熵来确定各因素的权系数的一种有效方法，虽然该方法比较复杂，但能够避免基于主观因素确定权重产生的偏误。因此，本书应用该方法计算产业结构转型升级的综合水平，具体步骤如下。

（1）对原始数据进行无量纲化处理，如式（5-14）所示，式中，X_{ij}表示第 i 个年份第 j 个产业结构转型升级指数指标。

$$Y''_{ij}=\frac{X_{ij}-\min(X_{ij})}{\max(X_{ij})-\min(X_{ij})} \tag{5-14}$$

（2）对无量纲化数据进行坐标平移 1 个单位。

$$Y'_{ij}=1+Y''_{ij} \tag{5-15}$$

（3）计算第 i 个省第 j 个产业结构转型升级指数指标的比重。

$$Y_{ij}=Y'_{ij}/\sum_{i=1}^{m}Y'_{ij} \tag{5-16}$$

（4）计算第 j 个产业结构转型升级指数指标的熵值 S_j。

$$S_j=-\frac{1}{\ln m}\sum_{i=1}^{m}Y_{ij}\ln(Y_{ij}) \tag{5-17}$$

（5）计算第 j 个产业结构转型升级指数指标的差异系数 V_j，并计算第 j 个产业结构转型升级指数指标在综合指标中的权重 W_j。

$$V_j=1-S_j \tag{5-18}$$

$$W_j = V_j / \sum_{i=1}^{n} V_j \tag{5-19}$$

经过计算，得出四大指数的权重（见表 5-9）。四大指标权重值都在 25%左右，其中产业结构转型化指标权重最高为 27.62%，其次是产业结构高级化指标权重为 24.45%，产业结构合理化和高度化指标权重分别为 24.24%、23.69%。从产业结构转型升级的内涵来看，本书所得指标值较为客观。

表 5-9 指标权重

指标	高度化	升级化	合理化	转型化
权重（%）	23.69	24.45	24.24	27.62

（6）计算产业结构转型升级指数 $indu_i$。

$$indu_i = \sum_{j=1}^{n} W_j Y_{ij} \tag{5-20}$$

经过上述 6 个步骤，得出产业结构转型升级指数。本书为了第三节 PVAR 模型的回归效果，将计算结果归一化处理后，以百分比形式得出我国 2003~2014 年各区域的产业结构转型升级指数，如表 5-10 所示。

表 5-10 产业结构转型升级指数

地区	2003 年	2004 年	2005 年	2006 年	2007 年	2008 年	2009 年	2010 年	2011 年	2012 年	2013 年	2014 年
全国	112.98	110.92	115.47	115.75	116.31	115.46	119.70	119.07	119.41	120.29	121.66	124.89
北京	159.30	149.82	173.94	178.32	180.95	181.93	188.15	187.02	192.07	193.36	195.06	200.00
天津	132.57	130.31	127.69	125.75	126.62	123.22	133.67	134.70	134.95	136.09	138.86	138.78
河北	106.61	104.38	106.81	108.23	109.03	108.74	110.67	110.62	110.99	111.85	111.93	114.23
山西	112.54	110.53	117.29	116.78	116.58	115.82	119.13	117.37	115.70	119.29	120.54	125.35
内蒙古	104.28	101.79	112.07	111.38	110.07	108.32	114.78	113.00	112.04	112.63	113.37	116.78
辽宁	119.26	118.24	116.70	115.47	113.68	111.87	116.67	115.31	114.97	116.34	117.33	121.19
吉林	104.91	104.22	110.67	112.20	111.41	111.51	112.05	110.87	109.73	109.95	111.00	112.27
黑龙江	107.10	105.44	108.47	108.86	109.10	108.62	113.69	111.81	110.08	113.72	113.76	119.84

续表

地区	2003年	2004年	2005年	2006年	2007年	2008年	2009年	2010年	2011年	2012年	2013年	2014年
上海	136.93	135.13	139.27	139.06	150.63	151.42	167.54	173.77	175.92	166.61	177.56	180.48
江苏	115.30	114.14	115.34	117.23	118.81	119.88	122.02	124.62	125.86	127.22	128.82	131.91
浙江	120.39	120.47	122.27	123.32	125.10	125.80	128.16	129.63	130.74	131.39	132.81	134.01
安徽	107.03	105.23	112.28	112.60	111.70	110.25	109.95	107.84	106.99	107.69	108.31	111.57
福建	114.08	113.82	114.25	115.90	117.92	117.45	120.58	119.25	119.19	119.73	119.83	120.75
江西	107.28	103.94	106.42	105.81	104.36	103.33	108.66	108.32	109.55	111.03	111.90	114.41
山东	110.01	108.18	108.99	110.37	111.32	111.28	112.75	115.01	117.24	119.33	120.72	123.81
河南	102.57	100.00	100.64	101.71	103.44	102.37	103.36	102.90	104.85	106.30	107.57	113.11
湖北	110.54	108.41	112.62	113.99	115.87	113.41	113.61	112.02	111.24	111.48	112.99	117.63
湖南	113.32	109.80	111.14	112.75	111.61	109.09	115.23	113.63	112.34	113.55	115.67	118.52
广东	118.02	116.76	124.12	124.43	125.58	125.23	128.60	128.17	128.97	130.27	131.96	133.60
广西	106.28	102.73	108.77	108.26	107.16	106.35	107.67	106.16	104.83	106.77	107.68	110.39
海南	106.33	104.64	108.47	104.76	106.53	105.71	115.12	117.01	115.79	118.54	121.52	128.73
重庆	115.06	111.82	117.95	120.85	118.33	117.05	115.23	114.32	114.43	118.09	120.59	127.42
四川	106.85	106.46	108.01	108.40	106.61	105.12	109.30	108.73	107.25	108.70	109.99	114.31
贵州	101.98	101.43	109.25	110.51	113.50	112.87	123.14	122.26	124.81	123.50	121.94	118.88
云南	104.30	103.14	108.91	108.15	109.59	109.46	111.93	112.31	113.89	113.24	114.01	116.26
陕西	113.51	110.85	112.87	111.14	110.77	108.73	115.76	113.70	112.21	111.53	111.79	114.50
甘肃	105.47	103.50	112.80	112.25	111.34	111.91	113.09	110.04	112.72	113.71	114.58	118.74
青海	116.12	113.43	114.32	113.35	112.11	109.94	113.74	111.67	109.73	110.33	109.66	114.35
宁夏	108.60	106.86	117.00	115.29	113.88	112.03	119.20	118.69	118.47	119.75	119.71	122.02
新疆	102.97	102.29	104.88	105.25	105.70	105.06	107.62	101.25	104.74	106.63	108.27	112.96

四、产业结构转型升级计算结果及分析

通过对30个省份2003~2014年产业结构转型升级发展的综合评价，得出如下结论：

（1）中国各区域产业结构转型升级程度不断加深，但发展速度整体放缓。从2003~2014年中国区域信息化趋势演变明显可知，地图上各区域黑色程度

不断加深，反映出中国各区域产业结构转型升级程度都在不断提升。根据表5-10确定出2003~2014年我国区域产业结构趋势演变。由于时间跨度较长，本书根据产业结构转型升级指数分布情况设置为八级：1级（0~106.35）、2级（106.36~108.91）、3级（108.92~111.41）、4级（111.42~113.24）、5级（113.25~115.34）、6级（115.35~119.26）、7级（119.27~128.17）、8级（≥128.18）。1~8级黑色程度依次加深。由于数据限制，港、澳、台地区不纳入考虑范畴。考虑到分析西南版块时的完整性，保留西藏地区并接受系统的默认赋值为0，所以西藏地区始终显示白色。

（2）中国区域产业结构转型升级不平衡状况加剧。区域不平衡状况体现在两方面：

第一，四大区域发展水平存在显著不均衡，2014年中部省份信息化水平均处于全国平均水平之下。2014年，四大区域产业结构转型升级指数依次为东部127.46、西部117.36、中部117.21、东北部116.39，东部信息化水平远远领先于东北部、中部及西部。

第二，极差扩大，产业结构转型升级程度最高水平地区与最低水平地区差距加大。2003~2014年，产业结构转型升级最高地区与最低地区差距扩大了49.63%，其中产业结构合理化水平指数差距拉大最为严重，扩大了123.41%，产业结构高级化和产业结构转型化水平差距缩小（详细情况见表5-11）。

表5-11　2003~2014年各项指标极差扩大（缩小）情况

一级指标	变化	二级指标	变化
产业结构转型升级指数	49.63%↑	产业结构合理化	123.41↑
		产业结构高度化	111.38%↑
		产业结构高级化	1.41%↓
		产业结构转型化	7.50%↓

第三节　基于 PVAR 模型的实证分析

从经济发展的实践可知，信息化对产业结构转型升级的推动作用都需要一定的时间才能显现，因此本节构建面板向量自回归模型（PVAR）来研究信息化与产业结构转型升级之间的相互关系，考察信息化对产业结构的推动作用是否存在时滞效应。

一、PVAR 模型介绍与设定

本书采用面板向量自回归模型（PVAR）对信息化与产业结构转型升级之间的关系进行实证分析。PVAR 模型专门用于面板数据分析，是对普通向量自回归模型（VAR）的创新与发展（Douglas Holtz-Eakin et al.，1988）。PVAR 模型是面板数据估计结合向量自回归模型（VAR）的一种分析方法，其突出优点体现在两方面：一方面，时间序列分析和面板数据分析相结合，可以更好地了解变量之间的内在影响机制，降低模型误差影响，提高实证结果的稳健度和精度；另一方面，组内均值差分和向前均值差分相结合，组内均值差分（Within Groups Mean-differecing）消除时间效应，向前均值差分（Forward Mean-differecing）消除个体效应，并使用模型中内生变量滞后项作为其工具变量进行广义矩估计（GMM），以得到各变量之间的回归拟合结果。

PVAR 模型的一般形式：

$$y_{it}=\Gamma x'_{i,t}+\eta_i+\gamma_t+u_{it}\ (i=1,\ 2,\ \cdots,\ N;\ t=1,\ 2,\ \cdots,\ T) \quad (5-21)$$

式中，N、T 分别代表截面包含个体数和观测时期总数；x_{it}、y_{it} 分别代表自变量和因变量。参数 Γ 代表 x_{it} 的 k×1 维系数向量，x'_{it} 是包含滞后项的

T×K 维解释变量矩阵，k 表示解释变量的个数；η_i、γ_t分别表示个体效应和时间效应，μ_{it}为干扰项，假设当期扰动项在任一期都与独立变量不相关。

根据对 PVAR 模型优点的分析，通过“组内均值差分法”消除时间效应。

首先，将式（5-21）中各截面所有个体平均：

$$\bar{y}_{it}=\Gamma\,\bar{x}'_{it}+\bar{\eta}_i+\bar{\gamma}_t+\bar{\mu}_{it} \tag{5-22}$$

其次，用式（5-21）减去式（5-22）即可去除时间效应，得到：

$$\tilde{y}_{it}=\Gamma\,\tilde{x}'_{it}+\tilde{\eta}_i+\tilde{\gamma}_t+\tilde{\mu}_{it} \tag{5-23}$$

式中，$\tilde{y}_{it}=y_{it}-\bar{y}_{it}$，$\tilde{x}'_{it}=x_{it}-\bar{x}_{it}$，$\tilde{\eta}_{it}=\eta_{it}-\bar{\eta}_{it}$，$\tilde{\gamma}_{it}=\gamma_{it}-\bar{\gamma}_{it}$，$\tilde{\mu}_{it}=\mu_{it}-\bar{\mu}_{it}$

再通过“前向均值差分法”消除个体效应（Arellano and Bower，1995）：

$$\bar{\bar{y}}_{it}=\bar{\bar{x}}'_{it}+\bar{\bar{\eta}}_i+\bar{\bar{\mu}}_{it} \tag{5-24}$$

式（5-23）减去式（5-24）可以得到：

$$\breve{y}_{it}=\Gamma\,\breve{x}_{it}+\breve{\mu}_{it} \tag{5-25}$$

PVAR 模型的分析一般由三部分组成：

（1）系统广义矩估计（System-GMM）：利用系统广义矩估计（System-GMM）计算各变量之间的回归拟合结果。

（2）脉冲响应函数（IRF）：利用 Monte-Carlo 模拟的方法生成脉冲响应函数（IRF）描绘各变量之间的互动特征。

（3）预测误差方差分解法（FEVD）：利用预测误差方差分解法（FEVD）评价各变量之间冲击作用的贡献程度。

二、动态面板数据模型的 GMM 估计

本书利用 PVAR 模型对 2003~2014 年我国 30 个省份的信息化与产业结构转型升级的相关数据进行实证分析①。所选取的两个变量如下。

① 其中西藏地区由于数据不全而未包括在样本范围内。

（1）信息化（infor）。采用本章第一节计算的信息化指数作为信息化的度量。

（2）产业结构转型升级（indu）。采用本章第二节计算的产业结构转型升级指数作为产业结构转型升级的度量。

本章主要使用 Michael Abrigo 和 Inessa Love 两位世界银行经济学家最新编写的 PVAR 模型在 Stata 中运行的程序语句①，运用 Stata 14.0 软件进行后续的检验、估计和相关分析。

（一）数据平稳性检验

为了避免出现伪回归，确保估计结果的有效性，在对面板数据进行计量分析前，必须先对面板数据进行平稳性检验。数据平稳性检验的常用方法有：LLC 检验、IPS 检验、HT 检验、Fisher 检验、Breitung 检验和 Hadri LM 检验等。本书在对信息化和产业结构转型升级的两个变量取对数后，采用最常用的 LLC 检验（Levin-Lin-Chu），检验结果如表 5-12 所示。

表 5-12　LLC 面板单位根检验结果

变量	T 值	P 值	检验结论
lnindu	-18.113	0.0000	平稳
lninfor	-12.080	0.0000	平稳

根据表 5-12 可知，lnindu 和 lninfor 都通过 LLC 检验，即信息化和产业结构转型升级在各自截面上的时间序列是平稳的。因此，可以进行 PVAR 模型构建。

（二）模型滞后阶数确定

在正式估计 PVAR 模型之前，我们首先要确定滞后阶数。实践中大多使

① Michael R. M. Abrigo, I Love. Estimation of panel vector autoregression in Stata［J］. Stata Journal, 2016（16）：778-804.

用 MMSC-Bayessian 信息量准则（贝叶斯准则）、MMSC-Akaike 信息量准则（赤池准则）和 MMSC-Quinn 信息量准则（汉南-奎因准则）确定滞后阶数。

（1）MMSC-Bayessian 信息量准则（MMSC-Baysian Information Criterion，MBIC）：

$$MBIC = \ln|\breve{V}| + \frac{\ln(N^*) \cdot k}{N^*} \tag{5-26}$$

（2）MMSC-Akaike 信息量准则（MMSC-Akaike Information Criterion，MAIC）：

$$MAIC = \ln|\breve{V}| + \frac{2k}{N^*} \tag{5-27}$$

（3）MMSC-Quinn 信息量准则（MMSC-Hannan and Quinn Information Criterion，MQIC）：

$$MQIC = \ln|\breve{V}| + \frac{2\ln[\ln(N^*)] \cdot k}{N^*} \tag{5-28}$$

式中，N＊=N（T-P）代表有效样本数量；k 代表参数个数；ln｜V｜为模型残差平方和。经过 MBIC、MAIC、MQIC 三种准则检验，得到信息值（见表 5-13）。三种准则的取值均在滞后一期时就达到最小值，确定了 PVAR 模型为滞后 1 阶。

表 5-13　MBIC、MAIC 和 MQIC 信息值

滞后期	MBIC	MAIC	MQIC
1	-31.910*	-8.151*	-17.982*
2	-29.928	-3.255	-13.976
3	-12.208	-1.1799	-4.232

注：＊选择的 PVAR 模型滞后阶数。

经过单位根检验和滞后阶数的确定，确定本书的 PVAR 模型的最终形式：

$$y_{it}=\Gamma_1 x'_{i,t}+\Gamma_2 y_{i,t-1}+u_{it} \tag{5-29}$$

（三）动态面板数据模型 GMM 估计

由于式（5-29）右边有滞后一期的因变量 $y_{i,t-1}$，所以滞后因变量和扰动项之间存在相关性，造成模型估计结果将会出现非一致和有偏。针对这一问题，Arellano（1991）等提出了系统广义矩阵估计方法（GMM），来提高估计量的有效性。本书采用系统广义矩阵估计方法（GMM）估计，估计结果如表 5-14 所示。

表 5-14　GMM 估计结果

解释变量	被解释变量			
	h_lnindu		h_lninfor	
	系数	P 值	系数	P 值
L. lnindu	0. 947***	0. 000	0. 017**	0. 023
L. lninfor	0. 902***	0. 000	0. 022***	0. 000

注：*、** 和 *** 分别为估计系数在 10%、5%和 1%置信水平上显著。h_lnindu、h_lninfor 为 lnindu 和 lninfo 经过"前向均值差分法"消除个体效应之后的当期序列，L. lnindu 和 L. lninfor 分别为变量 lnindu 和 lninfo 的滞后一期。

从动态面板数据的 GMM 估计结果（见表 5-14）可知：

（1）从当期产业结构转型升级（h_lnindu）看，滞后一期信息化（L. lninfor）和滞后一期产业结构转型升级（L. lnindu）对于当期产业结构转型升级（h_lnindu）的冲击分别为 0. 902、0. 947，且均在 1%水平上显著。因此，滞后一期信息化（L. lninfor）和滞后一期产业结构转型升级（L. lnindu）对当期产业结构转型升级（h_lnindu）均有显著正向影响，说明信息化对产业结构转型升级具有显著的促进作用。同时，从系数值看，滞后一期 L. lninfor 的系数值（0. 902）小于 L. lnindu 的系数值（0. 947），说明产业结构转型升级受自身影响要大于信息化的影响。

（2）从当期信息化（h_lninfor）看，滞后一期信息化（L. lninfor）和滞后一期产业结构转型升级（L. lnindu）对于当期信息化（h_lninfor）的冲击分别为 0. 022、0. 017，L. lninfor 对 h_lninfor 的冲击在 1%水平上显著，而 L. lnindu 对 h_lninfor 的冲击在 5%水平上显著。因此，滞后一期信息化（L. lninfor）和滞后一期产业结构转型升级（L. lnindu）对当期产业结构转型升级（h_lninfor）均有显著正向影响，说明产业结构转型升级对信息化也具有显著的促进作用。同时，从系数值看，滞后一期 L. lninfor 的系数值（0. 022）大于 L. lnindu 的系数值（0. 017），说明信息化受自身影响要大于产业结构转型升级的影响。

（3）从滞后一期信息化（L. lninfor）看，滞后一期信息化（L. lninfor）对当期产业结构转型升级（h_lnindu）和当期信息化（h_lninfor）的冲击分别为 0. 902、0. 022，且冲击均在 1%水平上显著。从滞后一期产业结构转型升级（L. lnindu）来看，滞后一期产业结构转型升级（L. lnindu）对当期产业结构转型升级（h_lnindu）和当期信息化（h_lninfor）的冲击分别为 0. 947、0. 037，L. lnindu 对 h_lnindu 的冲击在 1%水平上显著，而 L. lnindu 对 h_lninfor 的冲击在 5%水平上显著。说明，信息化对产业结构转型升级的推动作用要强于产业结构转型升级对信息化的推动作用。

（四）GMM 估计的结论

根据上述分析，可以得出四条结论：

（1）信息化对产业结构转型升级具有显著的促进作用。

（2）产业结构转型升级对信息化也具有显著的促进作用。

（3）信息化与产业结构转型升级的相互拉动作用是非对等的，即信息化对产业结构转型升级的推动作用要强于产业结构转型升级对信息化的推动作用。

（4）滞后一期的信息化和产业结构转型升级均对两者当期产生显著正向影响，且滞后一期产业结构转型升级对自身影响要大于滞后一期信息化对自身影响。

对上述模型进行稳定性检验，检验结果见表 5-15 和图 5-7。从表 5-15 可知，模型的特征根的绝对值（模）是 0. 961 和 0. 888，均比 1 要小；图 5-9 也直观显示出，模型所有特征值均落在单位圆以内，说明本书构建 PVAR 模型的稳定性得以检验。

表 5-15　PVAR 模型的稳定性检验结果

特征根个数	特征根	模
1	0. 961	0. 961
2	0. 888	0. 888

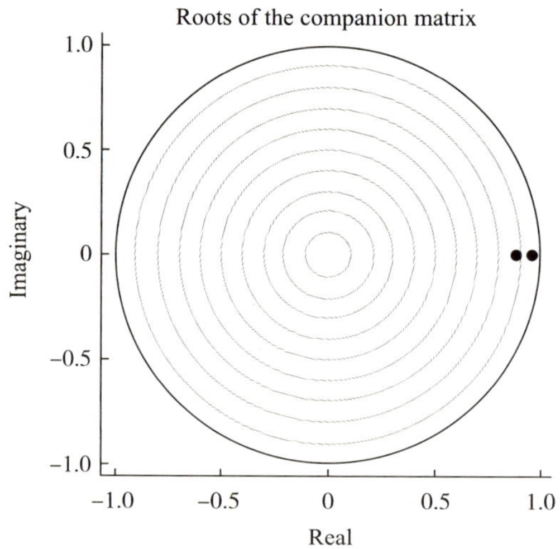

图 5-7　PVAR 模型稳定性检验

三、脉冲响应分析

经过上述 GMM 估计和模型稳定性检验，我们确定了 PVAR 模型变量系数及其显著性水平。为进一步研究信息化与产业结构转型升级之间的相互关系，需要对 PVAR 模型进行脉冲响应函数分析（IRF）。脉冲响应函数

（IRF）通过模型中变量正交化新生（Innovation）来冲击其他变量的当期值和未来值，以确定模型中变量之间的相互关系。所得到的脉冲响应图，可以直观显示出变量之间的动态关系和变化趋势，并反映出变量间的时滞效应。本书通过蒙特卡洛统计模拟法①（Monte Carlo）模拟 1000 次生成 95% 置信区间（Confidence Interval）上信息化与产业结构转型升级的脉冲响应图（见图 5-8）。其中，横坐标：模拟实验设定的响应期数（本书设定为 10 期），纵坐标：因变量对变量的响应程度（%），中间曲线：脉冲响应函数的点估计值，阴影部分：脉冲响应函数一倍标准差的置信区间。

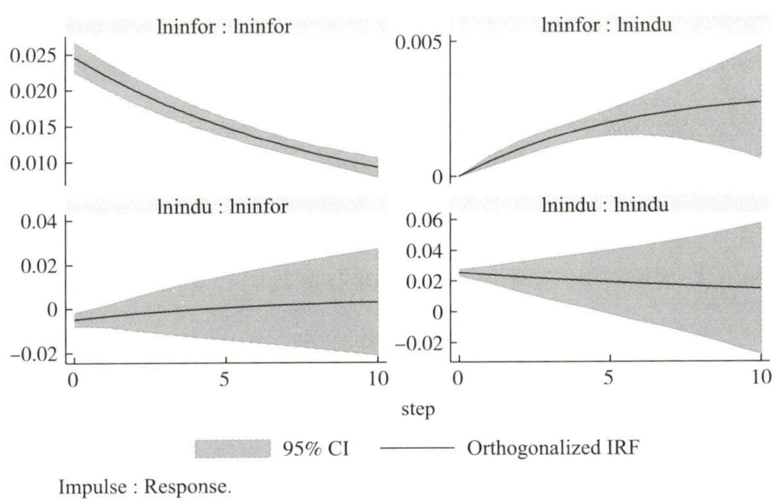

图 5-8 PVAR 模型的脉冲响应

（一）脉冲响应结果

从 PVAR 模型的脉冲响应图（见图 5-9）可知：

（1）图 5-9 第一行右图是信息化（lninfor）对产业结构转型升级（lnindu）的冲击响应图。从图上可知，来自于信息化的外部冲击会对产业结构

① 蒙特卡洛法（Monte Carlo），是 20 世纪 40 年代中期由于计算机的出现，而被提出的一种以概率统计理论为指导，使用随机数（或伪随机数）来解决计算问题的数值计算法。

转型升级产生迅速的正向影响，影响效果显著且持续时间长。说明，信息化对产业结构转型升级具有持续显著的动态促进作用。

（2）图 5-9 第一行左图是信息化（lninfor）对自身的冲击响应图。从图上可知，来自于信息化的外部冲击会对自身产生正向影响，影响效果显著且持续时间长，但响应效果随着时间延展而不断变弱，并最终收敛到 0。说明，信息化对自身具有持续显著但逐步趋弱的动态促进作用。

（3）图 5-9 第二行右图是产业结构转型升级（lnindu）对自身的冲击响应图。从图上可知，来自于产业结构转型升级的外部冲击会对自身产生正向影响，影响效果显著且持续时间长，但响应效果随着时间延展而不断变弱，并最终收敛到 0。说明，产业结构转型升级对自身具有持续显著但逐步趋弱的动态促进作用。

（4）图 5-9 第二行左图是产业结构转型升级（lnindu）对信息化（lninfor）的冲击响应图。从图上可知，来自于产业结构转型升级的外部冲击会首先对信息化产生一个负向冲击效应，随后慢慢转正，在第 4 期后开始出现正向影响，效应效果比较平缓。

（二）脉冲响应分析结论

通过脉冲响应函数（IRF）分析了信息化和产业结构转型升级之间的动态关系，结合 GMM 估计的相关结论，可以得出四条结论：

（1）信息化对产业结构转型升级具有长期而持续、正向而显著的动态作用。

（2）产业结构转型升级对信息化具有持续、显著的动态作用，这种作用初期为负向，但转正后变为持续正向。

（3）信息化与产业结构转型升级的相互拉动作用是非对等的，即信息化对产业结构转型升级的推动作用要显著强于产业结构转型升级对信息化的推动作用。

(4) 信息化和产业结构转型升级均对自身具有持续显著但逐步趋弱的动态促进作用。

四、预测误差的方差分解

预测方差分解（FEVD）是在脉冲响应函数分析（IRF）的基础上，通过分析不同变量正交化冲击对内生变量的贡献比例，从而使评估出不同结构冲击对其他内生变量的相对重要性。信息化和产业结构转型升级的方差分解结果如表 5-16 所示。

（一）预测误差的方差分解结果

表 5-16 预测误差的方差分解

预测期数	响应变量	脉冲变量		预测期数	响应变量	脉冲变量	
		lninfor	lnindu			lninfor	lnindu
1	lninfor	1	0	6	lninfor	0. 8066	0. 1934
	lnindu	0. 0067	0. 9933		lnindu	0. 0271	0. 9729
2	lninfor	0. 9871	0. 0129	7	lninfor	0. 7855	0. 2145
	lnindu	0. 0129	0. 9871		lnindu	0. 0283	0. 9717
3	lninfor	0. 9293	0. 0707	8	lninfor	0. 7643	0. 2357
	lnindu	0. 0175	0. 9825		lnindu	0. 0296	0. 9704
4	lninfor	0. 8986	0. 1014	9	lninfor	0. 7531	0. 2469
	lnindu	0. 0219	0. 9781		lnindu	0. 0307	0. 9693
5	lninfor	0. 8476	0. 1524	10	lninfor	0. 7419	0. 2581
	lnindu	0. 0251	0. 9749		lnindu	0. 0319	0. 9681

从预测误差的方差分解结果（见表 5-16）可知：

(1) 从产业结构转型升级本身（lnindu）的方差解释率来看，lnindu 的各预测期方差解释率持续下降，但下降幅度不大，到第 10 个预测期，方差解释率仍为 96. 81%，说明影响产业结构转型升级最大的因素是其本身，转型升级过程存在自身的规律性和发展惯性。

（2）从信息化本身（lninfor）的方差解释率来看，lninfor 的各预测期方差解释率也持续下降，下降幅度较大，第 3 期比第 2 期下降 5.78 个百分点，第 5 期比第 4 期下降 5.1 个百分点，到第 10 个预测期，方差解释率为 74.19%，说明影响信息化发展最大的因素也是其本身，但与产业结构转型升级相比，信息化受自身影响程度要相对较弱。

（3）从信息化（lninfor）对产业结构转型升级（lnindu）的方差解释率来看，lninfor 对 lnindu 的方差解释率是不断增加的，从第 1 期的 0.67%上升至第 10 期的 3.19%，且前 5 期的方差解释率的增幅较高①，5 个预测期以后，信息化的推动作用开始趋于平缓，说明信息化对产业结构转型升级的影响具有时滞效应。

（4）从产业结构转型升级（lnindu）对信息化（lninfor）的方差解释率来看，从第 1 期的 0 值开始，第 2 期即达到 1.29%，到第 10 期贡献率已经达到 25.81%，产业结构转型升级对信息化的促进作用也是逐期递增的。

（二）预测误差的方差分解结论

根据预测误差的方差分解结果，再结合 GMM 估计和脉冲响应分析的相关结论，关于信息化与产业结构转型升级的相互关系，可以得出如下结论：

（1）信息化对产业结构转型升级具有长期而持续、正向而显著的动态促进作用。

（2）产业结构转型升级对信息化具有持续、显著的动态作用，这种作用初期为负向，但转正后变为持续正向。

（3）信息化对产业结构转型升级的推动存在时滞效应，信息化的推动作用需要 5 年时间才能达到峰值，随后作用强度开始持续衰减。

---

① 前 10 期的增幅分别是 92.5%、35.7%、25.1%、14.6%、7.9%、4.4%、4.6%、3.7%、3.9%，本书以两位数以上的增幅作为筛选标准。

（4）信息化与产业结构转型升级的相互拉动作用是非对等的，即信息化对产业结构转型升级的推动作用要显著强于产业结构转型升级对信息化的拉动作用。

五、小结

本章从实证角度分析了信息化与产业结构转型升级的互动关系。通过对两个变量进行平稳性检验，确定滞后阶数，并在此基础上构建了 PVAR 模型，对模型进行估计、平稳性检验、脉冲响应分析以及方差分解，得出以下五个基本结论：

第一，信息化与产业结构转型升级存在动态均衡关系，两者是相互促进、共同提高的发展过程。

第二，信息化与产业结构转型升级具有长期显著的相互促进关系。

第三，信息化受产业结构转型升级的时滞影响不明显，产业结构转型升级受信息化发展的时滞影响比较明显。

第四，信息化与产业结构转型升级之间的相互作用是正相关的，信息化对产业结构转型升级的推动作用大于产业结构转型升级对信息化的拉动作用。

第五，产业结构转型升级对信息化的贡献度比较大，而信息化对产业结构转型升级的贡献度比较小，但两者的贡献程度均随时间的增加而增加。

第六章 信息化推动中国产业结构转型升级的空间计量分析

从已有的研究成果看，无论信息化还是产业结构的发展都会受到区域经济与社会发展的客观实际影响（赵改栋、赵花兰，2002），而目前国内有关信息化对产业结构转型升级影响的实证研究都忽视了空间因素，因此，在研究信息化对产业结构转型升级的影响时，综合考虑空间因素，更符合客观事实。有鉴于此，本章在第五章信息化对中国产业结构转型升级影响的实证分析的基础上，加入个体的地理空间信息，生成空间数据（Spatial Data），通过空间计量模型来研究信息化在推动产业结构转型升级过程中的作用和地位。

第一节　空间自相关检验

空间自相关的概念源自时间序列自相关，所反映的是在空间域中位置 i 上的变量 X 与其相邻位置 j 上变量 X 的相似或不相似程度。空间自相关由于研究方法上的差异可分为全局指标和局部指标两类，为避免全局指标可能会对局部状态的不稳定性造成掩盖，在经管全局指标检验后，大多数场合下仍需要通过局部指标进一步对全局指标进行补充说明。空间自相关检验的方法有多种，但最常用的是澳大利亚统计学家帕克·莫兰（Patrick Moran，1950）提出的 Moran's I。其中，全局 Moran's I 指数用来衡量区域之间整体空间关联与空间差异程度，而局部 Moran's I 指数衡量局部空间聚集情况。

一、全局空间自相关检验

（一）空间权重矩阵

在开始空间自相关检验之前，需要先行构建空间权重矩阵。空间权重矩阵是以“距离”的某种形式描述不同面积单元之间关系强弱的定量化测度[①]。空间权重矩阵构建的合理性将直接影响到空间相关性检验结果，也关系到空间计量模型的解释力。空间权重矩阵 W 的一般数学表达形式见式（6-1），其中，w_{ij}表示空间权重系数。

$$W=\begin{bmatrix} w_{11} & w_{12} & \cdots & w_{1n} \\ w_{21} & w_{22} & \cdots & w_{2n} \\ \vdots & \vdots & \vdots & \vdots \\ w_{m1} & w_{m2} & \cdots & w_{mn} \end{bmatrix} \tag{6-1}$$

关于空间权重矩阵的构建，常见方法有空间邻接权重矩阵、地理距离权重矩阵、最近 k 邻接矩阵、半径距离权重矩阵等。本书选择普及程度最高、使用最广泛的空间邻接权重矩阵。空间邻接权重矩阵是以地理关联为基础的邻近基准（Contiguity Based）或距离基准（Distance Based）的空间权重矩阵。即如果两个地区相邻，则 $w_{ij}=1$，权重值设为 1；如果两个地区不相邻，则 $w_{ij}=0$，权重值设为 0。

① 距离的某种形式：通常包括直线距离和相邻与否两种形式。

$$W_{ij}=W_{ji}=\begin{cases}1，若区域\ i\ 与区域\ j\ 相邻\\0，若区域\ i\ 与区域\ j\ 不相邻\end{cases} \tag{6-2}$$

（二）全局 Moran's I

本书对信息化和产业结构升级的空间自相关检验分为两个步骤：第一步，利用全局 Moran's I 来检验信息化与产业结构升级是否存在空间相关性；第二步，为避免全局指标可能会对局部状态的不稳定性造成掩盖，因而，采用局部 Moran 散点图和 LISA 集聚地图（Local Indicators of Spatial Association）进一步衡量局部空间聚集程度。

Moran's I 的数学表达见式（6-3）。

$$\text{Moran's}\quad I=\frac{\sum_{i=1}^{n}\sum_{j=1}^{n}W_{ij}(Y_i-\overline{Y})(Y_j-\overline{Y})}{S^2\sum_{i=1}^{n}\sum_{j=1}^{n}W_{ij}} \tag{6-3}$$

式中，$S^2=\frac{1}{n}\sum_{i=1}^{n}(Y_i-\overline{Y})$、$\overline{Y}=\frac{1}{n}\sum_{i=1}^{n}Y_i$，n 是研究地区总数（本书 n=30），-1≤Moran's I≤1。Moran's I 绝对值越大，所检验的变量空间相关性越强，Moran's I 大于 0 时指标值呈正相关性，Moran's I 小于 0 时指标值呈负相关性。

经过 Geoda 软件计算，信息化指数和产业结构转型升级指数的 Moran's I，如表 6-1 所示。

表 6-1　2003~2014 年信息化和产业结构转型升级的 Moran's I

年份	信息化指数			转型升级指数		
	Moran's I	Z(I)	P(I)	Moran's I	Z(I)	P(I)
2003	0. 1558	2. 6017	0. 009	0. 2031	3. 0081	0. 004
2004	0. 1612	2. 6221	0. 006	0. 2129	2. 9803	0. 007
2005	0. 1712	2. 5976	0. 009	0. 2283	2. 8543	0. 009

续表

年份	信息化指数			转型升级指数		
	Moran's I	Z(I)	P(I)	Moran's I	Z(I)	P(I)
2006	0. 1776	2. 7189	0. 004	0. 2317	3. 0677	0. 006
2007	0. 1823	2. 6614	0. 005	0. 244	3. 0251	0. 005
2008	0. 183	2. 6567	0. 007	0. 2331	2. 9539	0. 008
2009	0. 1849	2. 7654	0. 003	0. 2639	3. 2012	0. 003
2010	0. 1922	2. 656	0. 007	0. 2711	3. 2044	0. 002
2011	0. 1927	2. 7652	0. 003	0. 2819	3. 2582	0. 003
2012	0. 2019	2. 6541	0. 008	0. 2783	3. 0843	0. 006
2013	0. 2133	2. 7318	0. 007	0. 2934	3. 0993	0. 004
2014	0. 2078	2. 6069	0. 009	0. 3087	3. 1353	0. 003

注：Z(I)、P(I) 分别代表 Moran's I 显著性检验的 z 值和 p 值。

从表 6-1 可知，2003~2014 年中国信息化和产业结构转型升级的空间相关性整体上呈现不断上升趋势，同时各年份的 Moran's I 都通过 Z 值和 P 值的检验，在 1%水平上高度显著，说明这两个变量都具有显著的空间正相关性，即存在空间集聚现象。2003~2014 年，虽然 Moran 指数有轻微波动，但整体上看，信息化和产业结构转型升级的 Moran's I 值均不断上升，信息化由 2003 年的 0. 1558 上升到 2014 年 0. 2078，表明信息化的空间依赖性不断增强；同时，产业结构转型升级由 2003 年的 0. 2031 上升到 2014 年的 0. 3087，表明产业结构转型升级的空间依赖性也在不断增强。因此，从整体上讲，我国信息化和产业结构转型升级在空间上并非均匀随机分布，而是表现出明显的“高—高”或者“低—低”的空间集聚性，并且这种空间集聚性伴随时间延展而不断得到强化。

表 6-1 充分反映出我国各地区信息化发展和产业结构转型升级的分布都确实存在着空间集聚性的特征，信息化发展水平较高地区与信息化发展水平较高地区相邻，信息化发展水平较低地区与信息化发展水平较低地区

相邻，产业结构转型升级程度较高地区与产业结构转型升级程度较高地区相邻，产业结构转型升级程度较低地区与产业结构转型升级程度较低地区相邻。

二、局域空间自相关检验

（一）Moran 散点图

经过全局 Moran's I 指数检验，发现我国信息化发展和产业结构转型升级的空间分布都确实存在着空间集聚性。进一步使用局部 Moran 指数 Moran（I_i），研究特定区域 i 附近的空间集聚情况。局部 Moran 指数与全局 Moran 指数相似，其数学表达形式如下：

$$\text{Moran}(I_i) = \frac{(Y_i - \bar{Y})}{S^2}\sum_{j=1}^{n} w_{ij}(Y_j - \bar{Y}) \tag{6-4}$$

Moran(I_i) 大于 0 时指标值呈正相关性，说明高（低）值区域被周围的高（低）值区域所包围；Moran（I_i）小于 0 时指标值呈负相关性，说明高（低）值区域被周围的低（高）值区域所包围①。

根据计算结果绘制出 2014 年信息化与产业结构转型升级的 Moran 散点图（见图 6-1、图 6-2），并得到 Moran 散点图中各象限省份分布情况（见表 6-2、表 6-3），发现 30 个省份的信息化与产业结构转型升级具有明显的空间特性：从信息化散点分布来看，除了湖北、海南、吉林等 8 省份外，其余 22 个省份均分布在第一、第三象限中；从产业结构转型升级散点分布来看，除了贵州、甘肃、湖南、湖北等 10 省份外，其余 20 个省份均分布在第一、第三象限中，因此我国大多数省份信息化发展和产业结构转型升级在地理空间上具有明显的“高—高”集聚和“低—低”集聚特征。

① 陈强．高级计量经济学及 Stata 应用（第二版）［M］．北京：高等教育出版社，2010.

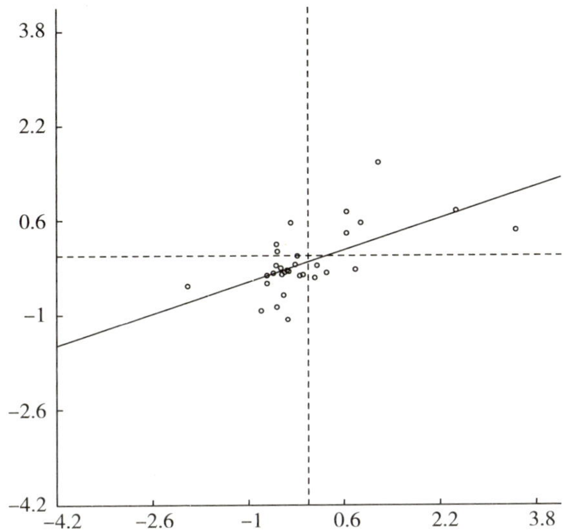

图 6-1 2014 年信息化 Moran 散点图

表 6-2 2014 年信息化 Moran 散点图中各象限省份分布情况

纵轴 横纵	高	低
高	北京、上海、天津、浙江、广东、江苏、福建	湖北、海南、吉林、山西
低	辽宁、山东、陕西、重庆	河北、新疆、内蒙古、黑龙江、四川、宁夏、湖南、安徽、青海、江西、河南、广西、贵州、甘肃、云南

Moran 散点图中，第一象限代表高—高正相关关系（H-H），即高水平省份周围是其他高水平省份，第三象限代表低—低正相关关系（L-L），即低水平省份周围是其他低水平省份，分布在第二象限（L-H）和第四象限（H-L）属于负相关关系。

综合表 6-2、表 6-3 可知：

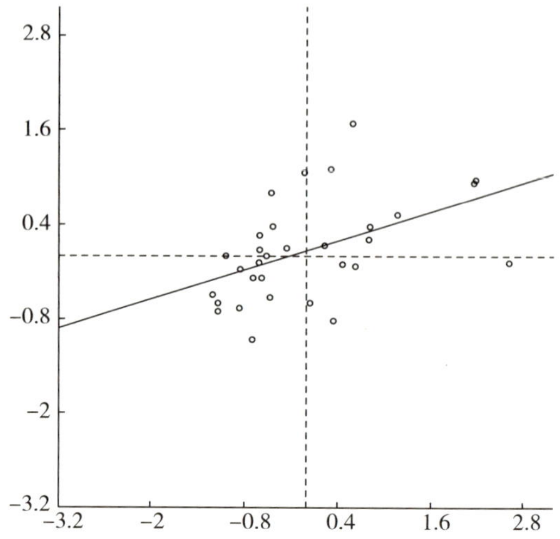

图 6-2　2014 年产业结构转型升级 Moran 散点图

表 6-3　2014 年产业结构转型升级 Moran 散点图中各象限省份分布情况

横纵 \ 纵轴	高	低
高	北京、上海、天津、浙江、广东、江苏、海南、重庆、山西	贵州、甘肃、湖南、湖北、内蒙古
低	山东、宁夏、辽宁、福建、黑龙江	云南、陕西、江西、青海、四川、河北、河南、新疆、吉林、安徽、广西

（1）从整体分布情况看，我国大部分区域的信息化和产业结构转型升级呈现强烈的空间集聚特征。散点在四个象限中均有所分布，无论是信息化还是产业结构转型升级的大部分散点都落在第一、第三象限内，而落入第二、第四象限的点很少，其中北京、上海、浙江、广东等东部省份大多落入第一象限（H-H），而西部省份、中部省份则多落入第三象限（L-L），这一分布情况说明我国大多数地区的信息化和产业结构转型升级具有高度的空间集聚特征。

（2）从具体落入象限看，落在第一、第三象限的地区与周围地区存在正向的空间溢出效应，说明我国大部分区域的信息化和产业结构转型升级与周围地区存在正向的空间溢出效应。

（二）局部空间相关性指数（LISA）聚类图

Moran's I 散点图中四个不同象限展示了四种不同的空间关联模式，但 Moran's I 无法对这四种不同空间关联模式进行直观深入的分析。为了深入分析指标值的空间关联关系通常采用 LISA 统计量绘制出集聚图。局部空间相关性指数 LISA（Local Indicator of Spatial Association）是一种常用的衡量局域空间自相关的方法。本书绘制出 2014 年信息化和产业结构转型升级的集聚地图。

从 2014 年信息化 LISA 集群可知，信息化高水平区域主要集中在京津地区和长三角地区，其中北京、上海以及浙江是 H-H 区三个中心点，这三个信息化高水平区域辐射影响周边省份，而信息化低水平区域集中在中西部一些省份，这些地区受基础设施、科技水平和地理条件等多因素制约，信息化发展水平相对滞后，形成了低水平的聚集圈。从 2014 年产业结构 LISA 集聚来看，部分东部沿海省份（天津、浙江、江苏、广东等）与北京、上海这两个国际性大都市共同形成了产业结构升级的 H-H 区，而产业结构层次较低地区（L-L 区域）则集中在西部和中部地区。综合 LISA 集聚图和 Moran's I 全局空间自相关检验，我们发现，我国信息化发展水平与产业结构升级之间具有显著的空间相关特征，即信息化水平较高的地区一般产业结构升级程度较高，反之信息化水平较低的地区则产业结构升级程度较低。

第二节　基于 30 个省级面板数据的空间计量分析

一、实证模型设定

经过本章第一节空间相关性检验可知，信息化与我国产业结构转型升级存在着显著的空间相关性，因此可以构建空间计量模型。常用的空间计量模型有两种：

（1）空间滞后模型（Spatial Panel Lag Model，SPLM）：反映不同变量在一个地区是否存在溢出效应，考虑了因变量的空间。

（2）空间误差模型（Spatial Panel Error Model，SPEM）：通过误差项的空间相关性考察模型的空间依赖性。

空间自相关检验研究发现信息化与产业结构升级存在空间依赖性，因此本书构建信息化对产业结构转型升级的空间面板计量模型：空间滞后模型［如式（6-5）］和空间误差模型［如式（6-6）］。同时为了验证空间效应，本书构建了普通面板数据模型（Panel Data Mode，PDM）。

$$\begin{aligned}\ln Indu_{it} = {} & c+\rho(Indu_{it}\otimes W_N)+\beta_1\ln Infor_{it}+\beta_2\ln Rd_{it}+\\ & \beta_3\ln Fina_{it}+\beta_4\ln Inex_{it}+\beta_5\ln Urb_{it}+\varepsilon_{it}\end{aligned} \tag{6-5}$$

$$\begin{aligned}\ln Indu_{it} = {} & c+\beta_1\ln Infor_{it}+\beta_2\ln Rd_{it}+\beta_3\ln Fina_{it}+\\ & \beta_4\ln Inex_{it}+\beta_5\ln Urb_{it}+\lambda(I_T\otimes W_N)\varepsilon_{it}+\mu_{it}\end{aligned} \tag{6-6}$$

$$\begin{aligned}\ln Indu_{it} = {} & c+\beta_1\ln Infor_{it}+\beta_2\ln Rd_{it}+\beta_3\ln Fina_{it}+\\ & \beta_4\ln Inex_{it}+\beta_5\ln Urb_{it}+\varepsilon_{it}\end{aligned} \tag{6-7}$$

式中，产业结构升级系数（Indu）为被解释变量，信息化指数（Infor）、科研水平（Rd）、金融水平（Fin）、外贸水平（Inex）和城镇化水平（Urb）为解释变量。β 为变量系数；ρ 为空间回归系数，W 为空间权重矩阵，λ 为空间误差系数，ε、μ 为服从正态分布的随机误差项。

如果我们直接采取普通最小二乘法（OLS）对上述三个模型进行估计，则必然导致有偏的或无效的估计结果（Anselin，1988），对此，通常使用极大似然法（MLE）和广义矩估计法（GMM）两种方法来处理（Anselin et al.，2008）。但 Anselin 认为，MLE 对空间面板模型进行估计更为有效（Anselin，1988），并且 MLE 方法可以有效避免变量内生性问题（Blonigen et al.，

2007)，充分保证实证结果的稳健性，因此本书选择 MLE 方法进行估计。

二、数据说明和变量描述

本书使用的实证数据是我国 30 个省份 2003~2014 年省级层面统计数据，原始数据来源于《中国统计年鉴（2004~2015）》《全国科技经费投入统计公报（2004~2015）》《新中国六十年统计资料汇编》和各省市 2004~2015 年统计年鉴等。使用的计量软件为 Matlab R2015b，各变量解释如下：

产业结构升级系数（Indu）和信息化指数（Infor）使用前文已有的计算结果。同时为了全面研究产业结构升级影响因素，结合第一章中关于产业结构转型升级的影响因素的相关研究，本书还纳入了以下控制变量。

（1）科研水平（Rd），用各省份科研投入经费表示。科研投入对于产业经济发展具有显著作用（殷林森、胡文伟，2006），科技发展可以推动传统产业部门的深入改造，拓展产业规模，培育更多新兴产业，科技创新是产业结构调整的重要驱动力。

（2）金融化水平（Fin），用各省份金融业生产总值表示。金融是现代经济的核心，是经济运行的血脉，产业结构优化升级离不开金融业的支撑。金融业能够为产业转型升级提供必需的资本供给，是决定产业发展规模和产业集中度的重要因素（Raghuram and Zingales，1998），因此产业结构升级需要一个良好的金融环境。

（3）城镇化水平（Urb），各省城镇人口占比。城镇化是以农业为主的传统乡村型社会逐步转向以非农产业为主的现代化社会的变迁过程，城镇化可以有效促进区域产业分工与重组，加速产业集聚，提高战略性新兴产业发展密度（Michaels and Rauch，2008），为产业结构升级提供强大动力。

（4）外贸水平（Inex），用各省份进出口总额表示。从出口来看，区域对外贸易可以通过资源的分配、整合、优化以及技术转移等途径提高全要素生产率，进而促进产业结构升级（Mazumdar，1996）；从进口来看，通过引进国外的新技术或新管理模式所产生的技术溢出可以加速区域产业结构正向优化，所以对外贸易可以通过进出口变化推动区域产业结构的升级（钟昌标，2000）。

三、空间面板 SPLM 和 SPEM 的实证结果

众多计量研究表明，当面板数据回归分析处理特定个体时，固定效应模型要优于随机效应模型（Baltagi and Dong，2001），因此本书在建立普通面板模型和空间面板模型时均采用固定效应。根据空间和时间两类非观测效应的不同控制，SPLM 和 SPEM 的固定效应模型有四种类型：无固定效应（nonF）、时间固定效应（tF）、空间固定效应（sF）、既有时间又有空间的固定效应（stF）。利用 Matlab R2015b 对模型（6-5）、模型（6-6）以及模型（6-7）进行检验，实证结果如表 6-4 所示。

（一）实证结果 1

空间面板模型的估计结果优于普通面板模型。从表 6-4 的估计结果看，采用 PDM 模型的拟合优度（R^2）要比 SPEM 模型和 SPLM 模型低，并且 LnRd 和 Lnex 不显著，由此可见，空间面板模型具有更好的估计结果，因此考虑空间效应的信息化对产业结构升级的影响更符合客观事实。

（二）实证结果 2

SPEM 模型的估计结果优于 SPLM 模型。依据 Anselin 判别准则（Anselin，1988），在模型选择上，首先进行空间面板的 LM-error 检验和 LM-lag 检验，在检验结果均显著的情况下，再做 robust LM-error 检验和 robust LM-lag 检验。从检验结果可知（见表 6-5），LM-error 比 LM-lag 更加显著，同时 robust LM-error 也比 robust LM-lag 更加显著，因此可以判断空间面板误差模型 SPEM 更为适合。

表 6-4 PDM、SPLM 和 SPEM 的实证结果（因变量：各地区产业结构转型升级指数）

模型	PDM	SPLM				SPEM			
		nonF	sF	tF	stF	nonF	sF	tF	stF
Constant	3. 9466***	3. 4906***				3. 6699***			
	(0. 0000)	(0. 0000)				(0. 0000)			
LnInfor	0. 0323***	0. 0309***	0. 0191***	0. 1661***	0. 0494***	0. 0844***	0. 0014***	0. 1694***	0. 0631***
	(0. 0017)	(0. 0000)	(0. 0079)	(0. 0000)	(0. 0009)	(0. 0000)	(0. 0000)	(0. 0000)	(0. 0000)
LnRd	-0. 0012	-0. 0121**	0. 0005	0. 0235***	-0. 0018	-0. 0050	0. 0051**	-0. 0236***	0. 0017
	(0. 8812)	(0. 0246)	(0. 5572)	(0. 0003)	(0. 8293)	(0. 4923)	(0. 0213)	(0. 000)	(0. 8355)
LnFina	0. 0411***	0. 0252**	0. 0388***	0. 0608***	0. 0131**	0. 021*	0. 0418***	0. 0585***	0. 0175***
	(0. 0000)	(0. 0241)	(0. 0000)	(0. 0000)	(0. 0417)	(0. 054)	(0. 0000)	(0. 0000)	(0. 0027)
LnInex	0. 0049	-0. 0082	-0. 0012	-0. 0322***	-0. 0006	-0. 018***	0. 0043	-0. 0309***	-0. 0034
	(0. 5120)	(0. 1919)	(0. 8784)	(0. 0000)	(0. 9442)	(0. 0091)	(0. 5873)	(0. 0000)	(0. 6753)
LnUrb	0. 0178***	0. 027**	0. 0509**	0. 1157***	0. 0794*	0. 2252***	0. 0499***	0. 1163***	0. 0698***
	(0. 0000)	(0. 0110)	(0. 0226)	(0. 0005)	(0. 0732)	(0. 0000)	(0. 0085)	(0. 0005)	(0. 0000)
ρ		0. 1359***	0. 3079***	0. 0061**	0. 0416***				
λ						0. 2936***	0. 3912***	0. 5987***	0. 1495**
R^2	0. 7413	0. 8126	0. 8973	0. 8361	0. 8556	0. 7621	0. 8876	0. 8235	0. 8479

注：*、** 和 *** 分别为估计系数在 10%、5%和 1%置信水平上显著，括号内为 p 值。

表 6-5　LM 及 robust LM 检验结果

检验	LM-lag	LM-error	robust LM-lag	robust LM-error
统计量值	8. 6347	14. 6304	20. 9826	35. 5549
P 值	0. 001	0. 000	0. 000	0. 000

（三）实证结果 3

空间固定效应模型的估计结果优于时间固定效应模型、空间和时间都固定效应模型的选择。从表 6-2 可知，SPEM 空间固定效应模型的拟合效果（R^2）要优于其他两个模型，同时信息化水平系数在 1%水平上显著且为正值，可见信息化对产业结构升级具有显著影响。因此选择空间固定效应模型作为本书的解释模型。同时实证结果显示科研水平、金融化水平以及城镇化水平都对产业结构升级具有显著正向效应，并且按照对产业结构转型升级的影响力排序依次为，城镇化水平（0. 0499）、金融化水平（0. 0418）、科研水平（0. 0051）、信息化水平（0. 0014）。而外贸水平则对区域产业结构升级影响不显著，究其原因，主要是由于我国对外贸易不仅出口产品技术含量较低、代加工产品较多，而且引进技术的层次较低、科技含量不高，以致外贸水平对中国区域产业结构升级影响较小。

第三节　实证结论

（1）空间相关性检验表明，信息化和产业结构升级的空间依赖性均显著，两者在地理空间上均呈现出集聚特征，即信息化发展良好地区的产业结构升级程度普遍较高，信息化发展滞后地区的产业结构升级程度普遍较低。因此，信息化发展水平较高的东部沿海省份应充分总结信息化发展与产业结构升级的成功经验，发挥好榜样的示范引领作用，强化与周边省份的产业合作与经济交流，充分做到信息化建设成效共享，推动区域产业结构迈向中高端水平。中西部省份应主动进取，加强与东部沿海省份的交流合作，借鉴和吸收东部沿海省份发展经验，促进高新技术产业集群发展，不断培育壮大现代产业领军企业，尽快走出产业“低水平集聚”的困境。

（2）空间计量模型的实证结果表明，信息化对产业结构升级具有显著的促进作用，能够有效提升产业发展层次，推动产业结构升级。同时，金融化水平、科技进步、城镇化对产业结构升级也产生正向冲击，而外贸水平则对区域产业结构升级的影响不显著。放眼世界，信息技术正在引领产业变革，运用信息化促进我国产业结构转型升级大有可为。

首先，要抓住全球信息化革命的历史机遇，充分发展新一代信息通信技术，进一步推动信息化融入中国现代产业发展体系，从整体上推动我国产业结构转型升级。

其次，应通过技术创新推动传统产业优化升级，促进产业结构从质上得到改善，加大对战略性新兴产业和高新技术产业的金融支持力度，大力发挥新型城镇化建设对于产业升级的引擎作用，强化“产城融合”。

最后，我们一方面要进一步加强国际高新技术的引进，另一方面要着力于强化消化、吸收国外高新技术，并在提高自主创新能力上下苦功夫，优进优出，不断提升产业结构转型升级。

第七章
信息化推动产业结构转型升级的国际比较与启示

当前，信息技术引领新一轮技术革命浪潮，以物联网、大数据、人工智能、虚拟现实等为代表的新一代信息技术突飞猛进。面对信息化带来的战略机遇，各国政府都在抢抓发展机会，尤其是发达国家纷纷把信息化引领产业结构转型升级作为提升国民经济综合实力和抢占全球经济竞争制高点的重点来抓。

第一节　发达国家信息化推动产业结构转型升级的国际比较

一、美国信息化推动产业结构转型升级经验

（一）引领信息技术革命的潮流和发展方向

戴尔·乔根森（Dale W. Jorgenson，2005）曾经测算出“1995 年以后，美国 4 个信息技术生产产业虽然仅占 GDP 的 2.9%，但却占美国经济复苏的 1/4。17 个信息技术的产业占另外 1/4 的增长值，占 GDP 同样份额”，信息

技术对于美国经济的复苏与发展发挥着主导性作用。美国长期致力于掌控信息技术的国际标准和核心技术，并主导全球信息技术和产业的发展进程：

第一，产学研一体化的“长线”发展模式——企业、大学、科研机构三强携手发展。当前，美国有英特尔、IBM、高通、微软、谷歌等一批控制着全球网络信息产业链的主干的 IT 巨头，有斯坦福、哈佛、MIT 等一批提供世界上最优秀的 IT 人才的摇篮，有贝尔实验室、施乐帕洛阿尔托研究中心（Xerox PARC）、谷歌实验室（Google X）等一批在传感器、搜索引擎、云计算、大数据技术等关键技术领域占据明显优势的研究单位。

第二，推广信息技术应用到各行业。美国政府通过营造适合信息经济发展的技术环境，以较快的速度推出信息化相关政策法规，迅速实现企业信息化、电子商务、家庭和个人生活信息化、教育系信息化和农业信息化，使得美国信息技术应用的广度和深度方面走在世界前列。

第三，核心信息技术规划超前。美国当前的互联网科技规划仍旧领先于世界各国，如“联邦云计算战略”（2011）、“大数据的研究和发展计划”（2013）。

第四，重视前沿基础信息技术研究。美国非常重视信息技术的基础性研究，通过部署跨部门重大项目，确保其在前沿基础信息技术领域的绝对领先。由总统直接领导下的“网络和信息技术研发计划（NITRD）”[①] 已持续 25 年，是美国规模最大、历史最悠久的跨部门计划之一，科研经费逐年增加，2017 年的经费预算额度达到 45.4 亿美元。NITRD 每年均针对信息技术发展热点，调整和部署相关研究方向，2017 年的 4 个战略优先领域：高容量计算系统发展的研发（EHCS）、高容量计算系统基础设施与应用（HCSIA）、大规模数据管理与分析（LSDMA）以及机器人技术与智能系统（RIS）。

① “NITRD 计划”开始于 1992 年，以机构合作形式资助和投资基础性研发，囊括了美国政府资助的重大信息技术项目，分布在计算、网络和软件等几大领域。“NITRD 计划”通过机构间协同合作，为先进信息技术提供研发平台，确保美国在技术领域的领先地位。

（二）积极培育信息经济

美国培育信息经济主要做法有：

第一，给予信息经济特殊发展保护。一是尽量少干预信息经济的发展。1997 年颁布的《全球电子商务框架》，提出五项原则：私营部门主导、避免不当限制、持续简单的法律环境、认清信息经济的特性、促进全球网上商务活动。美国政府积极创造信息经济发展环境，让 IT 企业充分享有发展自由，美国因此诞生了亚马逊、eBay、微软、苹果、Priceline. com 等巨头。二是税收优惠。1998 年，美国颁布《互联网税收自由法案》，规定对宽带网络的接入费免征消费税，对部分地区从事信息经济活动的企业免征 3 年销售税，此后又不断延长免税期。

第二，风险投资机制。从目前来看，凡是成功的 IT 企业无一例外不是技术与资本的完美结合。美国通过较成熟的风险投资机制有力地支持了信息经济创新活动，使美国成为全球 IT 企业上市地点的第一选项，成就了很多 IT 巨头如腾讯、阿里巴巴、百度等。

第三，营造商业环境。美国强调发挥私营企业和市场力量的作用，政府侧重于为企业创造自由竞争的商业环境，注重市场机制对资源配置、产业发展以及经济运行的主导作用，这些都为美国培养领袖型 IT 企业提供了极强助力。

第四，高效科研成果转化能力。美国充分发挥企业嫁接技术与市场的作用，及时将最新技术创新成果应用到产品、设施和服务中，技术创新、产业化、应用部署等环节形成高效闭环，依托“八大金刚”牢牢控制住信息技术链、产业链、价值链的高端环节。同时，针对那些具有重大战略价值但短期难以见效的技术项目，或未来有重大需求的前瞻项目，通过招募对科技发展具有敏锐洞察力的项目管理人员进行多学科交叉研究和管理，取代原来的行政指派方式，充分激发科学家的探索精神，强化与科技界、产业界的合作，推动取得的科研成果快速转化。

（三）重视信息化基础设施建设

从20世纪80年代开始，美国政府就十分重视信息化的配套基础设施。从克林顿到奥巴马三任美国政府都积极主动推进信息化基础设施建设：一方面，政府主导信息基础设施建设；另一方面，鼓励私营部门进入基础设施领域。诺贝尔经济学奖获得者索洛（Robert Solow，1987）曾指出，计算机技术并没有加速提高美国的生产率，“你可以看到，计算机无处不在，只是在生产力统计中找不到它”，信息技术所带动的美国生产率提升更多的是依赖于新技术所引发的ICT投资。从美国信息经济的发展实践来看，越来越多的证据表明ICT投资对于经济增长的重要作用，针对ICT的投资增长与劳动生产率增长之间呈现高度相关（John Ross，2015）。

二、德国信息化推动产业结构转型升级经验

（一）“工业4.0”战略：信息化重振德国制造业

德国是世界上最发达的工业化国家之一，25%的人口从事制造业。2008年金融危机之后，各国纷纷意识到产业空心化带来的危害，德国政府也提出重振制造业计划，即“工业4.0”。在“工业4.0”战略提出之前，德国注重信息技术对于工业企业的辅助作用，如设计工业软件的目的是提高单个企业的生产效率。“工业4.0”战略提出以后，德国希望通过信息互联技术，将不同类型的工业企业连接在一张联通生产者和消费者的网络上，实现生产端和消费端的同步对接。德国为“工业4.0”战略做了两方面准备工作：

（1）德国很早就推动传统工业企业和软件企业合作，构建了良好的合作基础。1999年，德国政府制定了“21世纪信息社会的创新与工作机遇”行动计划（简称“D21”），“D21”计划促进知名IT企业如SAP、3S和著名工业企业如西门子、奔驰、博世进行广泛合作，让德国在工业模型设计、

工业系统软件、工业企业管理等工业应用软件处于全球顶端位置。

（2）面向工业的高端信息技术研究。如表 7-1 所示。

表 7-1 德国“工业 4.0”要点

序号	要点	序号	要点	序号	要点
1	建立 CPS 虚拟网络	8	构建价值网络	15	实现基于云的个性定制
2	推进智能制造	9	建立标准化和参考结构	16	建立监管系统
3	提升资源和能源利用效率	10	开发管理复杂系统	17	制定工业技术路线图
4	促进城市生产和人口结构变化	11	建立高速通信网络基础	18	强化培训和职业发展
5	推进制造业服务化	12	促进安全与保障	19	推进创新制造
6	生产性服务业	13	强化组织结构与设计	20	推进协同制造
7	建立双重战略	14	建立最佳时间网络	21	建立通信平台

（二）奋起直追的宽带战略

德国在互联网领域的落后已经是显而易见，其中宽带设施的落后严重制约了德国信息化的发展。整体而言，德国的信息化基础设施建设落后于美、日、韩三国，尤其是在 50Mbps 的高速宽带方面差距明显。造成这一差距的原因有两方面：一方面，德国的宽带战略提出得较晚，德国 2009 年才开始实施宽带战略；另一方面，对运营商采取保护性策略，德国对欧洲最大的电信公司——德国电信股份有限公司（Deutsche Telekom）实施管制假期的保护性政策，即拒绝竞争者接入自己的新建基础网络，以保证主导运营商收回投资，这种保护政策对德国宽带业务产生了不利的抑制作用。伴随“工业 4.0”战略的推行，对信息化基础设施提出了新要求，德国为满足“工业 4.0”战略要求，密集出台了信息化基础设施建设方面的新政。

三、日本信息化推动产业结构转型升级经验

（一）信息化与文化产业融合发展

进入互联网时代，网络媒介日益成为文化传播的重要渠道。日本是较

早利用互联网传播民族文化的国家之一，早在 2007 年日本政府就通过日本书化产业的纲领性文件《日本书化产业战略》，提出日本要积极利用互联网向全世界传递日本流行文化包括动漫、音乐、影视、游戏等，一方面为日本创造了直接经济利益，另一方面是通过文化输出，帮助日本树立了良好的国际形象。2010 年，日本政府公布的《新经济发展战略蓝图》中提道，“发展全球通用的网上数码内容，力争经济波及效果达到 10 万亿日元”。在竞争日益激烈的文化产业中，“日本网络文化发展战略在国际比较中具备最高水平，日本有着将‘人气’转变成‘新商品’的国际竞争力，这与其高明的网络文化产业战略直接相关”。[①] 日本政府始终高度关注其海外形象，仅仅 2015 年日本内阁先后通过《关于强化产业竞争力的实行计划》《关于振兴文化艺术的基本方针》《知识财产推进计划 2015》《关于经济财政运营与改革基本方针 2015 》等战略方针，其中都涉及利用信息化手段输出和传播其民族文化。日本网络文化产业的成功经验是信息化战略与文化战略融合发展的典范，这一点对于逐步走向世界舞台中心的中国具有很强的借鉴意义。

（二）信息经济发展受阻

日本政府历来重视推动信息经济发展，大阪大学教授鬼木甫早在 1994 年就测算出 1975～1985 年的信息技术对日本经济增长的贡献率达到 15%。日本实行政府主导型的信息经济发展战略，希望集中优势资源为初创公司保驾护航，但从全球范围来看，日本 IT 企业发展却不尽人意，主要有三方面因素：

首先，“重内轻外”的信息经济战略。在工业时代，日本创造了世界经济史上的奇迹，但在信息化时代，面对信息化和全球化所带来的空前开放，

① 汪玉凯，高新民．互联网发展战略［M］．北京：学习出版社，2012.

日本领袖型科技企业的格局并未随之打开，过分关注国内 IT 市场，而对全球市场的感知较少，对国外成功的新兴商业模式缺乏探索学习的动力，导致索尼、松下、东芝、夏普等国际知名企业向互联网转型纷纷受阻。

其次，IT 人才培养战略长期缺位。

最后，传统文化制约了 IT 企业的发展。从中美两国经验范围来看，近年来所兴起的 IT 巨头或者领袖型互联网企业，无一不是创业者们在信息化时代勇于尝试，抓住机遇而成功发展起来，但日本传统文化中有一种对创业者根深蒂固的偏见，“创业者”在日本书化中象征着贪婪，创业行为与日本的传统文化背道而驰（Noriyuki Takahashi，2013）。缺乏创业文化是日本缺乏世界级 IT 企业巨头或者领袖型互联网企业的深层次原因。

四、韩国信息化推动产业结构转型升级经验

（一）信息化基础设施建设规划超前

韩国的信息化基础设施领先全球，在国际电信联盟（ITU）、国际数据公司（ITC）等全球性信息化评定机构中韩国始终名列前茅。韩国打造出全球领先的信息化基础设施，政府主要从两方面着手：

一是不断出台宽带新政。从 1999 年开始，韩国每年都会提出新的宽带政策，在宽带建设上不断投入重金，力促通信产业发展。

二是升级网络基础设施战略。韩国对于网络基础设施的战略是不断升级的。2004 年 3 月，提出“u-Korea”战略，旨在提供“使所有人可以在任何地点、任何时间享受现代信息技术带来的便利”。

（二）运营商竞争战略

韩国的科技实力并不是全球最先进的，然而韩国是全球公认的网络基础设施最为完善的国家之一。韩国在基础设施上的成功要归功于韩国的运营商竞争策略。韩国宽带市场竞争非常激烈，尽管韩国国内市场狭小，人

口仅有5000万人，但却拥有SK电讯、KT（韩国电信）和LG（乐金）三大电信运营商，激烈的市场竞争导致韩国的宽带资费非常低廉。2010年，韩国政府在世界范围内较早引入移动虚拟运营商（MVNO）制度，进一步打破三大运营商的垄断，并出台了大量配套政策支持，以此引导市场进一步降低通信资费。当前，韩国的基本宽带服务接近免费，商家主要通过高附加值宽带服务盈利。

五、英国信息化推动产业结构转型升级经验

（一）战略和财政双重支持

2017年3月，英国政府正式出台了英国数字化战略，启动推进数字化业务。推动大数据、人工智能等新技术研究是战略的重要组成部分，希望以此提升英国在数字化时代的竞争力。英国数字化战略中对于大数据产业发展的支持，主要举措是建立大数据产业加速器，即通过政府整合技术、人才、资金等产业生态发展需要的资源，孵化推动一批大数据企业的发展。

同时，英国政府长期以来，在推动信息化应用方面投入大量资金。2013年4月，英国经济和社会研究委员会宣布投入6400万英镑用于大数据研发，其中一半以上资金用来建立“行政数据研究网络”，以促进政府数据对科学研究、政策制定和执行的作用。2014年，英国政府又投入7300万英镑进行大数据技术开发，包括在55个政府数据分析项目中开展大数据技术应用。

（二）充分应用雄厚的技术积累

作为工业革命的发源地，英国在信息技术的普及和应用方面落后于美国，但总的科技创新能力和科研团队仍然是全球顶尖水平。英国政府对于大数据抱有非常大的期望，“两百年前的工业革命用前所未有的方式开创了历史，现在我们用大数据的形式来进行生产和提供服务同样是在创造历史”。英国充分利用国内一流的科研机构和高等学府，发挥其在计算机处

理、人工智能、计算机软硬件开发等信息技术领域的技术储备。英国在大数据前沿技术方面有着非常一流的企业，如著名的阿尔法狗（AlphaGo）就是由位于英国伦敦的谷歌旗下的DeepMind公司研发。

（三）数字化战略贯穿英国产业生态

数字化成为英国国家战略后，英国政府积极推动数字化战略贯彻英国整个产业生态。英国政府针对不同行业，实施具体政策引导和支持。其中，代表性做法有：

一是推动大数据与农业深度融合。在大数据推动下，英国农业与数字技术、气象技术和土壤技术等更为紧密地融合在一起，实现精准化、科学化、精细化的农业种植和养殖。大数据推动英国农业进一步向技术化、信息化方向迈进。

二是推动大数据与医疗行业深度融合。医疗大数据可以说是英国政府投入资金最多的领域。英国政府通过建立医疗健康大数据旗舰平台（care. data），集中整理了全英国家庭医生和医院记录的病例、社会服务信息，并推动医疗数据资源的统一归口、共享、分析，以便能够更好地认识病患、研发药物和创新治疗方式。

三是推动大数据与航空业深度融合。围绕大数据技术，英国航空部门制定的航空技术战略可以分为两部分：一部分是从技术角度，通过大数据提高飞行设备的稳定性，大数据可以应用到飞机的修理维护、停机管理、燃料消耗等多种场景，通过大数据技术来检测、调查、预防和监视机械故障，可以极大地提高设备的稳定性；另一部分是从商业角度，通过大数据实现传统航空商业模式的转变，该战略指出要通过实现设施现代化和更加智能地利用客户数据来增加营业收入。

第二节 发达国家的共性经验与对中国的启示

一、发达国家的共性经验

根据对美国、德国、日本和韩国信息化推动产业结构转型升级经验的分析，总结出各国规划的特点（见表 7-2），发现各国对于信息化发展布局虽各有侧重，但也有一些共性的特点，主要体现在四个方面：

一是重视信息化基础设施建设。无论是发达国家信息化发展经验，还是当前世界各国信息化发展实际，无一不重视信息化基础设施建设。信息化基础设施建设，既可以拉动经济内需，又可以创造持续发展动力。

二是坚持体系化发展思维。将前沿技术的布局融入整个电子信息科技的体系里，系统组织跨部门、跨行业的信息科技项目。美国、德国以及日本的信息科技研发的持续性由来已久，科技计划的整合很有系统性，如 NITRD、FP7 和 Horzion 2020。

三是注重龙头企业培养。各国都很注重培养 IT 龙头企业，发挥龙头企业对产业链和价值链的垂直整合作用。美国的“八大金刚”、德国的 SAP、日本的日立以及韩国的三星等大企业决定了全球信息技术产业格局。

四是紧密融合信息技术发展与本国经济社会发展需求。将信息技术发展与本国经济社会发展需求融为一体。美国、德国、日本和韩国电子信息科技研发的产出导向最大的特点是为纳税人和社会做出贡献，解决社会发展的关键问题。如表 7-2 所示。

表 7-2 各国信息化规划与战略核心内容比较

序号	信息化核心内容	美国	德国	日本	韩国	中国
1	宽带基础设施	√	√	√	√	√
2	高速宽带	√	√	√	√	√
4	信息技术研发	√	√	√	√	√
5	网络教育	√	√	√	√	√
9	智能型交通			√	√	√
10	智能型电力	√	√	√	√	√
	智慧城市	√	√	√	√	√
11	信息产业化	√		√	√	√
12	电子商务	√		√	√	√
13	互动型软件服务	√				
17	金融信息化	√		√		√
18	农业信息化	√		√	√	√
20	网络型制造业	√	√	√	√	√
24	工业发展路线图	√	√	√	√	√
25	云制造	√	√			√
26	个性化定制		√			√
27	制造服务化		√			√
28	制造体验化		√			
29	CPS 虚拟网络		√			
30	价值网络构建		√			
31	通信平台的建设		√			
32	资源和能源的利用效率		√			
33	协同制造		√			√

二、对中国的启示

“他山之石，可以攻玉”，通过对比分析美国、德国、日本、韩国等发达国家以信息化推动产业结构转型升级的发展经验，有助于我国信息化推动产业结构转型升级从中得到一些有益的启示。

一是要制定好信息化战略规划。美、德、日、韩等发达国家和地区企图通过战略上强化研发设计和高端服务领域的优势，继续占据国际产业竞争制高点，抢占网络空间国际主导权，因此我国在信息化推动产业结构转型升级过程中，要制定好具有前瞻性的战略规划。

二是要制定明确的信息技术和产业发展的路线图。发达国家很多新技术和信息产业的发展规划都横跨 20~30 年，每一阶段的发展目标也较为明确，因此我国应明确支持信息化发展的重点方向，统筹协调行业发展布局规划、重大政策和资源优化配置。

三是要将现代信息技术与产业结构转型升级有机融为一体。通过信息产业化与产业信息化的互动关系来加快推进产业结构转型升级。将信息科技布局与信息化和信息产业布局同步协调起来，避免研而不用，或者研而无用，造成资源浪费。创造有利于新一代信息技术产业创新发展的环境，形成应用、技术、产业、网络之间良性互动的模式。

第八章 加快信息化推动中国产业结构转型升级的对策建议

本章基于前文对信息化的测度分析、信息化促进产业结构的实证结果、发达国家信息化推动产业结构转型升级的相关启示以及信息化和产业结构发展的内在规律等研究成果，结合我国信息化建设和产业结构发展程度的实际情况，从构建战略架构、强化基础设施建设、完善信息技术自主创新体系、产业创新生态体系、新型市场治理体系五个维度提出相关对策建议。

第一节　进一步强化信息化基础设施建设

一、加强信息化基础设施建设投入

当下中国所推行的“互联网+”行动和“中国制造 2025”计划都离不开网络基础设施的大幅度提升，因此当前最为迫切的是亟须提升硬件基础设施，应从速度和质量两方面打造信息化战略的硬件推进基础：

一是逐步打破运营商垄断，创造竞争新环境，提高建设质量。

二是加快“宽带中国”战略，加大财政补贴力度，提高建设速度。在软件基础方面，我国信息经济这十多年的快速发展得益于具有一个较为宽松的发展环境，我们所需做的更多的是继续保持在法律允许的范围内对信息经济发展的较少干预。

二、提升制造业信息化基础设施水平

制造业转型升级是化解我国现阶段结构失衡的关键。围绕我国制造业转型升级的需要，国家有关部门及网络通信服务商应坚持推动信息技术基础设施建设，为制造业企业的内外信息联络提供便利。

（1）将硬件设施建设重点，锁定于中西部地区，以及县域、乡镇的互联网基础设施，提高网络通信能力，降低网络通信成本，为制造业产业转移、合理布局提供必要的保障。

（2）以物联网带动下一代互联网，在智能制造装备、智慧城市基础设施等一些正在大量部署智能终端的领域，要求率先普及 IPv6，以增量撬动存量。

（3）发展适应制造业需要的企业网络服务产业，依托部分公用网络设施，搭建企业虚拟专用网络、大型无线局域网等新型企业网络，提高企业对商业机密的信息安全保障能力，满足企业各地区分部间、不同厂房设施间的数据快速传递需求。

三、提升中西部信息化水平

在市场竞争充分开展、生产要素自由流动、信息渠道更加通畅的新形势下，中西部地区的信息化建设对我国产业整体延伸产业链、巩固规模优势、实现区域协调发展，都具有重要的意义。信息化水平较低地区普遍处于我国经济发展相对落后的中西部地区，这些地区不仅信息化建设资金相对不足，而且受地理条件的制约，信息化建设难度也高于东部沿海地区。

对于信息化基础设施落后地区，应加大财政补贴力度，提高信息化基础设施专项资金使用效率；对于信息化应用水平落后地区，应加快移动互联网建设，积极推广价格合适、功能完善的移动终端设备；对于信息产业发展落后地区，应出台优惠政策吸引信息类科技企业或服务企业落户；对于信息化发展环境落后地区，要加大对教育和科研工作的投入力度，通过财政拨款和税收优惠等方式，改善区域信息消费环境、教育环境和科研环境。

第二节　逐步建立和完善信息技术自主创新体系

一、建立和完善新一代信息技术产业自主创新体系

建立和完善新一代信息技术产业自主创新体系，主要从两大方面入手：

一是要明确新一代核心信息技术的主攻方向及优先序列，并在此基础上有的放矢地加大基础研究、前沿技术和关键共性技术研究投入，循序渐进地提高科研水平，自主研发创新新一代信息技术。与此同时，加强国际合作，充分整合国际资源，强化原始创新、集成创新和引进消化吸收再创新，在引进的基础上自主开发并掌握核心技术，逐渐向自主创新过渡，形成具有特色和品牌的技术和产品。

二是要加速构建协同发展的产业生态系统。以资本为纽带推动产融结合发展新模式，加快发展和形成一批掌握核心技术、创新能力突出、国际竞争力强的跨国企业，组织实施产业化工程，大力推动中小企业向“专精特新”方向发展，重构与大企业分工协作体系，建立合理有序和开放竞争

并存的信息技术产业生态系统。

二、"揭榜挂帅"核心信息技术研发

我国信息经济呈现蓬勃发展势头，互联网市场更是需求旺盛，各产业也急需新的信息技术推动发展。然而技术创新能力偏低是制约我国信息化深度推进的最大障碍，而核心信息技术领域需要极强的开创精神和创新思维，因而"揭榜挂帅"模式很适合核心信息技术的研发。

核心技术的根源问题是基础研究问题，加强核心信息技术研发必须做到：

一是打造长线研发模式。应大力支持我国著名IT企业、重点院校、大型信息技术研究机构强强联合，搭建合作平台，建立"从研发到应用、从应用到创新"的长效机制，为中国核心信息技术发展提供原始创新、标准和人才。

二是加快信息技术在工业领域中的研发和应用。应推动软件企业与工业企业再联合，加速工业信息高速公路建设，集中精力研发面向工业的高端信息技术，打造中国自主的信息物理系统（Cyber-Physical Systems）。

三是将科技重心投入到下一代信息技术基础研究。应重点针对当前和未来关键性信息技术发展与应用面临的挑战，如新一代互联网体系结构和基本协议，特别是未来15~20年全球互联网发展的技术路线，并力争在我国有优势的IPv6标准体系、5G通信技术等领域取得突破性进展①。

四是信息技术的特殊性造就了技术领域人才的特殊性，信息技术领域的一个关键人物往往是一项技术突破的重要节点。在核心信息技术领域，对待特殊人才一定要有特殊政策，只有通过具有全球竞争力的人才制度体

① IPv6全称是"Internet Protocol Version 6"，是设计用来替代我们当前使用的版本IP协议（IPv4）的下一代IP协议；5G指的是第五代移动通信技术。

系才能吸引最优秀的人才加入。

三、加快营造信息技术创新的发展环境

一要从国际标准化入手，“得信息技术标准者得天下”，进一步加强国内新一代信息技术标准体系建设，既要积极参与3GPP、IETF、ITU、OMA等传统国际标准化组织的活动，也要重视和加强ONF、Opendaylight等新兴标准化组织的标准化工作，在未来网络、新一代移动通信等领域扩大对国际标准的影响力。

二要从专利保护角度入手，强化新一代信息技术领域的专利布局，加强专利申请和知识产权保护力度，建立相关领域的知识产权监测与预警机制，鼓励龙头企业面向全球进行知识产权转让和购买，围绕企业自身产品和发展需求构建自主的专利体系，探索依托产业联盟等方式构建顺畅高效的专利池和交易平台。

三要从第三方平台入手，不断完善第三方测评机构的服务能力，构建面向企业的技术创新、企业创业与孵化等公共服务平台，促进中小企业创新发展。

第三节　构建新一代信息产业创新生态体系

一、以体系化思维构建新一代信息产业生态

一要面向云、管、端三个信息技术应用环节以及网络信息安全等重要领域，建立自主可控的信息技术体系。以应用为引领，带动这些体系的整机、芯片、软件以及关键器件实现体系化发展和整体性突破。

二要支持互联网巨头企业或大型制造企业牵头成立技术产业联盟，加强产业链各环节的力量整合与对接，积极打造企业“双创”平台，支撑中小企业发展，以企业为主体的技术产业生态。

三要结合区域优势形成差异化竞争态势，以长三角、珠三角、环渤海和部分中西部地区为重点，充分发挥各地区的优势信息化资源，促进差异化发展，形成差异互补竞争格局。

四要重视信息技术开源开放发展模式。在高可信软件和系统、人机互动和信息管理、高端计算、信息物理系统、机器人技术等前沿信息技术领域，鼓励科技巨头成立开源技术研发团队，大力吸引国内和国际优秀科技人才，加速构建自主可控的技术产业生态。

二、加速信息化与传统产业融合

当前我们最重要的任务是加速信息化与传统产业融合，这就提出两方面要求：

一是要助推传统产业升级。应成立信息化促进转型升级的专门机构，建立推进信息化引领转型升级的协同机制，重构适应信息经济运行的管理新体系，负责统筹信息化促进传统产业转型升级的相关政策规划的制定、实施工作。

二是要打造资本链、产业链与创新链三链融合的“创新创业生态系统”。由于新型信息基础设施的出现极大地降低了创业的门槛，在国家倡导“大众创业、万众创新”的新时期，应积极提升信息技术科技创新资源与优势传统产业、资本的融合程度，吸引国内外风投资金和社会资金投向互联网应用领域，宽容和鼓励新事物发展。

三、充分发展IT企业，培育优质推进主体

应培育适合IT企业生存发展的生态圈：

一是鼓励中国 IT 领袖型企业布局全球。为避免重蹈日本覆辙，IT 领袖型企业发展讲究全球性布局，应加快建立适应跨境电子商务特点的政策体系和监管体系，鼓励国内具有优势的 IT 企业发挥我国制造业上的优势，通过全球物流供应链和境外物流服务体系建设，将中国的产品和服务带向全球。

二是创建新型孵化器。应借鉴极客公园、创客空间等新型孵化模式，打造一批便利化、专业化、开放化的创新创业者社区，充分调动社会资源，培育一批对最新信息科技、最新信息产品和服务充满激情的创新创业者。

第四节　探索发展新型市场体系

一、充分发挥有效市场与有为政府作用，进一步完善推进机制

政府与市场合力推动我国信息化战略发展：

一是在尊重市场规律和增强市场活力的前提下推进信息经济领域改革，减少政府对资源的直接配置，确立“发展→管理→规范”的信息经济发展逻辑，给予市场足够的空间在微观经济领域发挥决定性作用。

二是要更好地在网络空间管理与治理领域发挥政府作用和提高政府效率，借助新一代信息技术和平台优势发挥政府部门指导及服务功能，让政府在宏观经济和社会发展方面为信息化战略的推进发挥应尽之责。

二、进一步确立企业创新主体地位

企业是市场的主体，市场是企业的舞台，要发挥好企业的创新主体

地位。

一是强化市场对于应用技术创新的导向作用。一方面，鼓励企业加大科研投入，提升企业的自主创新能力；另一方面，在政府资金的支持下，强化企业对于科研机构、高校等应用技术研究的引导，面向市场，由企业来组织科研机构、高校开展技术创新。

二是设立产业投资基金，促进企业融资。吸引企业、金融机构、社会资金，采用市场化运作方式，重点支持集成电路、操作系统等产业发展。

三是不断完善信息技术创新体系，为企业创新提供服务支撑。

第五节　加快推动互联网、大数据、人工智能和实体经济深度融合

当前，我国处于全面建成小康社会决胜阶段、中国特色社会主义进入新时代，中国互联网的发展也由此进入新时代。“不忘初心，方得始终。”党的十八大以来，习近平总书记本着“让互联网更好造福国家和人民”的初心，把互联网发展作为推进改革开放和中国现代化建设的重要历史机遇，亲自担任中央网络安全和信息化领导小组组长，不断推进我国互联网发展的各项工作，使得我国互联网发展取得了质的飞跃。在过去五年时间里，中国在移动互联网应用、互联网市场发展、互联网基础设施建设、互联网企业世界排名、互联网商业模式创新、互联网领域创业、互联网普及水平、网络空间有序水平、互联网国际交流程度等方面处于全球领先行列，并且在很多领域已成为或逐步成为世界标准的制定者。中国互联网之所以能取得世界性成就，是习近平总书记准确把握时代大势，积极回应实践要求，从战略高度和长远角度，不断完善我国互联网的建设管理运用工作，为我

国互联网发展创造了优越的发展环境和崛起条件。

与以往的报告相比，党的十九大报告显著增加了互联网的"分量"。习近平总书记在党的十九大报告中多次提及"互联网"，如"互联网建设管理运用不断完善""推动互联网、大数据、人工智能和实体经济深度融合""加强互联网内容建设、建立网络综合治理体系、营造清朗的网络空间"。他也多次提及"网络强国""数字中国""数字经济""共享经济""智慧社会""网络空间""网络安全""人工智能""大数据"等具有鲜明时代特征的网络相关词汇。在回顾过去五年的经济建设成就时，党的十九大报告更是将数字经济摆在所列举的各个部门经济成就的首位。报告内容既涵盖了过去五年中国互联网发展的历史性成就，也指出了未来互联网在我国经济、文化、社会建设等各个方面将要发挥的重要作用，并提出了一系列紧密关联、相互贯通的新观点、新论断、新要求，把我国互联网发展指导思想提升到了新的高度。党的十九大报告无疑是中国互联网未来发展的行动纲领。

中国特色社会主义新时代的特征之一，就是互联网成为中国经济社会发展的重要推动力量。

首先，要积极发挥互联网在解决新时代我国社会主要矛盾中的积极作用。互联网成为破解新时代中国社会主要矛盾的重要力量，在满足人民美好生活需要方面具有天然优势，可以创造性地解决一些发展不平衡不充分的问题。

其次，要加快推进具有网络强国、数字中国、智慧社会等基本内涵的创新型国家建设。

再次，要推动互联网、大数据、人工智能等与实体经济深度融合。

最后，要在共享经济领域培育新增长点、形成新动能。围绕创造融合环境、夯实融合基础、增强融合动力、探索融合机制四方面提出互联网、大数据、人工智能与实体经济深度融合的对策建议。

一、创造融合环境

一是政策环境。应围绕贯彻落实党的十九大精神和中央经济会议部署，以推动我国经济实现高质量发展为主要目标，充分发挥我国目前在互联网、大数据以及人工智能领域的领先优势，加快编制推动互联网、大数据、人工智能[①]和实体经济深度融合发展的政策文件，率先推出互联网、大数据、人工智能和实体经济深度融合的“中国方案”。应加大互联网、大数据、人工智能的发展意见和方案的政策密度，发挥政府在互联网等与实体经济深度融合过程中的引导作用，降低企业成本，鼓励企业创新，促进政策红利转化为企业红利。应加快数据开放进程，优化数据交易环节，推动数据流通，以丰富的数据资源推动大数据与实体经济深度融合。

二是科研环境。应结合互联网等的产业特征和技术趋势，设立专门的互联网等与实体经济深度融合研究院，鼓励交叉机构之间开展合作交流，以竞争与合作兼容的方式汇聚研发能量，攻关融合中出现的重点和难点问题。应加快科研合作平台建设，通过政府搭台组织推动大型企业联合研发，鼓励互联网等企业在战略、技术、标准、市场等方面展开沟通协作，以强强联合实现互联网、大数据和人工智能的关键技术突破和技术生态形成。应加强和改善科研人员工作和生活环境，提高互联网等技术相关科研人员待遇，结合信息技术的科研特点和规律制订相关科研管理规定，赋予科研人员更大的自主权限，鼓励核心项目实现“揭榜挂帅”。

三是创新环境。互联网等与实体经济深度融合是一个正在探索的过程，存在一定的不确定性和风险。应加强营造崇尚创新、宽容失败的环境，培植大数据发展的创新文化，激发创新热情，形成鼓励创新的社会氛围。企业是创新的主体，应深化科技体制机制改革，增强各类企业的创新活力和

① 下文用互联网等代表互联网、大数据与人工智能。

创新动能，对互联网等企业在政策、资金、项目等方面予以倾斜，让互联网等企业轻装出行聚力创新。应充分发挥我国现有的各类互联网等平台优势，聚集与整合不同数据资源，产生关联和融合效应，推动互联网等应用走向深入，催生更多的新技术、新产业、新业态、新模式。应加大互联网等相关产品的支持力度，加强知识产品的保护强度。

四是人才环境。科技的竞争是人才的竞争，人才的竞争是环境的竞争。应探索互联网等人才的培养模式，为不同领域、不同层次的人才提供针对性服务，集聚和培养一流互联网等人才。应创造人才有为有位的工作平台，在管理、评价、岗位等方面充分给予人才照顾，推动不同层次的大数据人才与产业相容、与企业互动、与项目对接，让人才的专业能力得以发挥。应充分解决人才的后顾之忧，关心关爱大数据人才的实际生活情况，在落户、住房、医疗、子女入学等实际问题上实现快速解决，让科研人员真正做到集中精力做科研。应积极聘请海外高层次人才，海外拥有信息技术领域的顶级人才，高薪吸引海外高层次人才，积极聘请海外退休专家和技术人员，组成海外专家顾问团队参与项目研究和培训交流。

二、夯实融合基础

一是硬件基础。互联网等与实体经济深度融合离不开宽带、基站、新一代信息网络等硬件基础设施。应加快推进“宽带中国”战略，提高网络普遍服务水平，加速推进5G产业布局和商业化进程，催化互联网等红利释放，加快推进部署IPv6，提升互联网等应用广度和深度。互联网等与实体经济深度融合离不开数据中心的支撑，应加快大数据交易中心、备份中心、呼叫中心和大数据服务示范工程建设，促进大数据中心的合力布局和健康发展，构建国家大数据中心体系支撑融合进程。

二是软件基础。软件基础区别于硬件基础，主要包括法律、文化、规划等多方面软性因素，是保障互联网等与实体经济快速、有效融合的非物质条件。我国应加快完善制订规划、法律、配套措施等多维举措，为推进融合创造一个良好的外部环境。应加强融合理论研究。互联网等与实体经济深度融合是一个不断摸索的过程，在进行广泛实践的同时，应该充分研究新技术产业融合特征和规律，分析国际融合经验、产业案例，应及时归纳总结新的融合模式、路径和经验。

三是产业基础。应充分利用我国现有互联网等产业基础鼓励企业在智慧城市建设、智能制造、"互联网+"、电子商务等领域积极开展互联网等各项应用。应加快推动工业可信数据空间建设，聚合不同类型工业数据，充分发挥我国在互联网应用、智能终端、超算等领域的比较优势，带动产业链上下游技术创新，奠定互联网等与实体经济深度融合的产业生态。加快互联网等融合产业园建设，积极引进信息科技巨头企业，打造形成互联网等产业的完整链条，积极引进具有潜力的初创公司，以培养一批产业细分领域的"独角兽"为直接目标，积极开展试点融合项目，鼓励不同类型的应用大数据产品和服务。

四是技术基础。在工业技术和互联网技术方面，我国核心技术都受制于人，而目前在互联网等技术方面，我国基本上与发达国家处于同一起跑线，相互之间差距并不大。应充分利用互联网等发展形成的先发优势，加强数据理论、核心算法、数据分析、可视化技术、深度学习等新一代信息技术的研究工作。

三、增强融合动力

一是市场动力。市场需求是推动互联网等与实体经济深度融合的根本动力。伴随移动互联网的崛起和物联网应用的日益扩大，使得数据规模极速扩大，以往积淀的数据资源也得到"唤醒"机遇，各行各业对数据处理和数据分析的需求不断增加。应加快完善市场驱动机制，通过设立互联网等产业创业投资基金、鼓励金融机构提供信贷支持、吸引风险投资等金融手段，通过优化招商引资服务、实施税收优惠奖励政策等招商手段，吸引互联网等产业链的上下游配套企业入驻贵州大数据中心。应发挥好土地、人才、税收、科技等政策在互联网等与实体经济深度融合中的激励作用，对实体经济企业实行差异化资源要素配置，优先考虑融合价值高、应用范围广、可复制性强的融合方案，注重融合项目的市场前景、商业模式和盈利空间。

二是技术动力。技术驱动是推动互联网等与实体经济深度融合的直接动力。信息技术每 15 年左右就会发生一次重大突破，应充分抓住这次技术迭代浪潮，把握大数据革命的全球性机遇。我国应抢夺新一代信息技术领域的话语权，充分发挥技术动力推动互联网等与实体经济深度融合，打造长线研发模式，大力支持我国著名 IT 企业、重点院校、大型信息技术研究机构强强联合，搭建合作平台，建立“从研发到应用、从应用到创新”的长效机制，为我国互联网等产业的发展提供原始创新、标准和人才。推动互联网等企业与工业企业联合，加速工业信息高速公路和工业数据空间建设，集中精力研发面向工业的大数据应用。应重点针对当前和未来互联网发展与应用面临的挑战，研究新一代互联网体系结构和基本协议，特别是未来 15~20 年全球信息技术发展的技术路线，力争在目前已具备优势的 IPv6 标准体系、5G 通信技术等领域赢得话语权。

三是变革动力。信息技术推动当今世界的产业变革、企业变革和管理变革，应充分利用变革动力促进大数据与实体经济深度融合。应顺应产业变革趋势，推动大数据技术与制造、能源、材料、金融、环保等传统产业融合，以大数据引领产业发展。应抓住企业变革机遇，鼓励和引导不同类型的实体经济企业亲密拥抱大数据技术，通过大数据技术进行研发设计、生产管理、客户分析和市场预测，提高企业运营效率、商业价值和业务空间，推动我国企业的数字化转型。应把握管理变革方向，抓住管理科学从工业时代向互联网时代的范式转移，充分运用大数据提高管理中的分析和处理数据的能力，形成管理3.0的中国范式。

四是资本动力。大数据产业拥有技术含量高、产品附加值高、自主创新率高的特点，其广阔的市场前景吸引了大量资金涌入。应积极发挥资本动力，让大数据产业与金融资本充分结合，积极引导资金进入大数据与实体经济深度融合领域。应打造优质投资平台，帮助有潜力的融合项目，创新金融服务，让融合进程得到资金的有效支持。要善于利用风险投资，借鉴极客公园、创客空间等新型孵化模式，打造一批便利化、专业化、开放化的大数据创业者社区，充分调动社会资源，培育一批对大数据与实体经济深度融合充满激情的创新创业者。

四、探索融合机制

一是推进机制。应加强顶层设计，从宏观上把握大数据与实体经济深度融合的方向，充分掌握并了解融合规律和趋势，运用好政府和市场两种手段，科学制定融合行动方案。应以项目引领带动为推进思路，以破解实际难题为推进导向，以典型示范为推进效果，集中资源打造一批融合效果明显、带动作用强劲、标杆意义彰显的项目、企业、园区，稳步推进融合落地见效。应进一步完善大数据融合相关领导小组的统筹协调作用和各方积极作用，强化领导任期责任目标制度，加强监督、检查、考核评价体系建设，形成强力有效的深度融合的推动机制。

二是协调机制。应搭建大数据企业与实体经济企业的交流平台，以举办行业对接洽谈会、学术研讨会、产业融合论坛等多种形式，建立双方在技术、产品、运营等多方面的信息沟通机制，实现大数据企业与实体经济企业的良性交互。应完善大数据与实体经济深度融合的管理机制，妥善处理企业在融合过程中遇到的政策、行政管理冲突，及时解决企业面临的生产运营困难。应明确推进融合进程的各行业管理主体，发挥好各行业主管部门在推动大数据与实体经济深度融合过程中的引导作用和管理作用，要求主管部门严格落实主体责任。

三是共享机制。应加快建立数据开放共享机制，推动政府、企业、研究机构等不同机构间的数据交易流通，加强数据资源管理，统筹整合不同来源的数据，充分利用融合共享的数据提升政府治理能力、企业竞争力和公共服务能力。应加快不同类型数据标准体系建设，逐步推进采集、存储、流通、交易、保密等不同环节数据管理标准的制定和实施，为互联网等与实体经济深度融合做好标准支持。加快互联网等企业与实体经济企业的技术和数据对接工作，加快实体经济企业的数据开放步伐，积极拓展企业数据应用范围，探索共享互利发展模式。

四是保障机制。应加快互联网等与实体经济深度融合的保障机制构建，保障互联网等与实体经济深度融合的顺利推进。应推动相关保障机制建立，由政府部门适时统一地发布互联网等企业所需要的数据资源目录，引导企业收集、整理相关数据，加快制订税务、城建、环保、社保等不同部门数据资源开放共享的时间表，集中消除“数据烟囱”和信息孤岛，为深度融合提供有力保障。应强化金融保障机制，加快推进企业征信体系，推进互联网等与金融业整合发展，创新金融服务支撑互联网等与实体经济深度融合。

附　录

附表 1　库兹涅茨 1958 年 57 个国家产值结构变动规律

组别	第 1 组	第 2 组	第 3 组	第 4 组	第 5 组	第 6 组	第 7 组	第 8 组
人均 GNP（美元）	51.8	82.6	138	221	360	540	864	1382
农业产值占比（%）	53.6	44.6	37.9	32.3	22.5	17.4	11.8	9.2
工业产值占比（%）	18.5	22.4	24.6	29.4	35.2	39.5	52.9	50.2
服务业产值占比（%）	27.9	33	37.5	38.3	42.3	43.1	35.3	40.6

附表 2　库兹涅茨 1958 年 59 个国家劳动力结构变动规律

组别	第 1 组	第 2 组	第 3 组	第 4 组	第 5 组	第 6 组	第 7 组	第 8 组
人均 GNP（美元）	72.3	107	147	218	382	588	999	1501
农业劳动力占比（%）	79.7	63.9	66.2	59.6	37.8	21.8	18.9	11.6
工业劳动力占比（%）	9.9	15.2	16	20.1	30.2	40.9	47.2	48.1
服务业劳动力占比（%）	10.4	20.9	17.8	20.3	32	37.3	33.9	40.3

附表 3　2016 年中国各省份固定和移动宽带普及率

省份	固定宽带普及率（%）	移动宽带普及率（%）
浙江	89.1	94.2
江苏	84.4	73.5
北京	84	129.9
广东	76.9	129.9
上海	69	102.6
福建	65.9	76.9
重庆	62.7	65.1

续表

省份	固定宽带普及率（%）	移动宽带普及率（%）
河北	58. 5	56. 3
四川	57. 3	59. 1
山东	57	54. 5
山西	56. 5	56. 2
陕西	55. 8	71. 6
海南	54. 5	74. 9
辽宁	53. 6	64. 8
湖北	52. 9	54. 3
江西	52. 5	45
河南	49	51. 5
天津	46. 7	68. 6
宁夏	46. 1	77. 3
新疆	45. 5	57
广西	45. 3	53. 8
安徽	43. 2	46. 9
吉林	42. 4	56. 2
黑龙江	39. 1	50. 9
青海	38. 5	58. 3
湖南	37. 8	48. 8
甘肃	37. 5	53. 9
贵州	37	57. 4
内蒙古	35. 7	60. 4
西藏	33. 5	56. 2
云南	32	53. 2

附表 4　2007～2015 年我国电子信息产业增长情况

年份	电子信息制造业（亿元）	软件和信息技术服务业企业（亿元）	信息产业（亿元）	信息产业增长率（%）
2007	45400	5834	51234	—
2008	51253	7573	58826	14. 82
2009	51305	9513	60818	3. 39
2010	63945	13589	77534	27. 49

续表

年份	电子信息制造业（亿元）	软件和信息技术服务业企业（亿元）	信息产业（亿元）	信息产业增长率（%）
2011	74902	18849	93751	20.92
2012	84619	24794	109413	16.71
2013	93202	30587	123789	13.14
2014	102988	37026	140014	13.11
2015	111318	43000	154318	10.22

附表 5　2010~2015 年中国集成电路产业销售额即增速

年份	销售额（亿元）	增长速度（%）
2010	1440.2	—
2011	1933.7	34.27
2012	2158.5	11.63
2013	2508.5	16.21
2014	3015.4	20.21
2015	3609.8	19.71

附表 6　2010~2014 年中国软件和信息技术服务业结构演变

年份	软件产品（%）	信息系统集成服务（%）	信息技术咨询服务（%）	数据处理和存储服务（%）	嵌入式系统软件（%）	IC 设计（%）
2010	31.5	21.8	9.2	16.3	16.8	4.4
2011	33.3	21.3	10.1	16.4	15.2	3.7
2012	32.3	20.9	10.5	17.2	15.9	3.2
2013	32.3	21.4	9.9	17.9	15.3	3.2
2014	30.41	20.62	10.33	18.35	17.34	2.95

附表 7　2015~2016 年重点行业信息化应用情况　　单位：%

年份	采掘	电力	冶金	石化	建材	机械	交通设备制造	电子	纺织	轻工	食品	医药	烟草
2015	48.3	63.1	47.7	53.4	45.0	47.7	52.6	53.1	46.4	46.6	48.4	50.1	61.5
2016	47.6	64.0	48.3	55.0	45.4	49.5	54.8	55.1	47.8	48.2	50.0	51.8	62.6

附表 8　1991~2015 年中国三大产业的泰尔系数　　单位：%

年份	第一产业	第二产业	第三产业	总偏离度
1991	-9.50	11.94	9.02	30.45
1992	-9.35	12.85	9.07	31.26
1993	-8.99	14.53	7.30	30.81
1994	-8.67	14.26	6.01	28.95
1995	-8.34	14.44	4.49	27.27
1996	-8.06	14.22	3.74	26.03
1997	-7.97	14.05	4.29	26.31
1998	-7.94	13.27	5.24	26.46
1999	-7.94	13.41	6.05	27.40
2000	-7.82	13.92	6.39	28.12
2001	-7.74	13.57	7.10	28.42
2002	-7.65	14.15	7.13	28.93
2003	-7.40	14.80	6.57	28.76
2004	-7.23	14.21	5.32	26.77
2005	-6.81	13.89	4.92	25.61
2006	-6.40	13.15	4.74	24.29
2007	-6.16	11.40	5.23	22.79
2008	-6.02	11.10	4.72	21.84
2009	-5.78	10.00	5.04	20.81
2010	-5.58	9.68	4.65	19.90
2011	-5.34	9.13	4.10	18.57
2012	-5.20	7.91	4.47	17.58
2013	-4.92	7.26	3.92	16.09
2014	-4.65	6.85	3.39	14.88
2015	-4.47	5.93	3.68	14.08

注：(1) 资料来源：根据《中国统计年鉴（2016）》计算整理。

(2) 泰尔系数计算公式：$T=\sum\left|\left[\frac{I_i}{I}\times\log\left(\frac{I_i/I}{L_i/L}\right)\right]\right|$，$I_i$ 代表第 i 产业产值，I 代表总产值，L_i 代表第 i 产业劳动力人数，L 代表劳动力总数。

附表 9　全国 31 个省份（除港澳台）空间 0–1 权重矩阵

相邻 1 不相邻 0	代码	1	2	3	4	5	6	7	8	9	10	11	12	13	14	15	16	17	18	19	20	21	22	23	24	25	26	27	28	29	30	31
代码		北京	天津	河北	山西	内蒙古	辽宁	吉林	黑龙江	上海	江苏	浙江	安徽	福建	江西	山东	河南	湖北	湖南	广东	广西	海南	重庆	四川	贵州	云南	西藏	陕西	甘肃	青海	宁夏	新疆
1	北京	0	1	1	0	0	0	0	0	0	0	0	0	0	0	0	0	0	0	0	0	0	0	0	0	0	0	0	0	0	0	0
2	天津	1	0	1	0	0	0	0	0	0	0	0	0	0	0	0	0	0	0	0	0	0	0	0	0	0	0	0	0	0	0	0
3	河北	1	1	0	1	1	1	0	0	0	0	0	0	0	0	1	1	0	0	0	0	0	0	0	0	0	0	0	0	0	0	0
4	山西	0	0	1	0	1	0	0	0	0	0	0	0	0	0	0	1	0	0	0	0	0	0	0	0	0	0	1	0	0	0	0
5	内蒙古	0	0	1	1	0	1	1	1	0	0	0	0	0	0	0	0	0	0	0	0	0	0	0	0	0	0	1	1	0	1	0
6	辽宁	0	0	1	0	1	0	1	0	0	0	0	0	0	0	0	0	0	0	0	0	0	0	0	0	0	0	0	0	0	0	0
7	吉林	0	0	0	0	1	1	0	1	0	0	0	0	0	0	0	0	0	0	0	0	0	0	0	0	0	0	0	0	0	0	0
8	黑龙江	0	0	0	0	1	0	1	0	0	0	0	0	0	0	0	0	0	0	0	0	0	0	0	0	0	0	0	0	0	0	0
9	上海	0	0	0	0	0	0	0	0	0	1	1	0	0	0	0	0	0	0	0	0	0	0	0	0	0	0	0	0	0	0	0
10	江苏	0	0	0	0	0	0	0	0	1	0	1	1	0	0	1	0	0	0	0	0	0	0	0	0	0	0	0	0	0	0	0
11	浙江	0	0	0	0	0	0	0	0	1	1	0	1	1	1	0	0	0	0	0	0	0	0	0	0	0	0	0	0	0	0	0
12	安徽	0	0	0	0	0	0	0	0	0	1	1	0	0	1	1	1	1	0	0	0	0	0	0	0	0	0	0	0	0	0	0
13	福建	0	0	0	0	0	0	0	0	0	0	1	0	0	1	0	0	0	0	1	0	0	0	0	0	0	0	0	0	0	0	0
14	江西	0	0	0	0	0	0	0	0	0	0	1	1	1	0	0	0	1	1	1	0	0	0	0	0	0	0	0	0	0	0	0
15	山东	0	0	1	0	0	0	0	0	0	1	0	1	0	0	0	1	0	0	0	0	0	0	0	0	0	0	0	0	0	0	0
16	河南	0	0	1	1	0	0	0	0	0	0	0	1	0	0	1	0	1	0	0	0	0	0	0	0	0	0	1	0	0	0	0
17	湖北	0	0	0	0	0	0	0	0	0	0	0	1	0	1	0	1	0	1	0	0	0	1	0	0	0	0	1	0	0	0	0

续表

相邻 1 不相邻 0	代码	1	2	3	4	5	6	7	8	9	10	11	12	13	14	15	16	17	18	19	20	21	22	23	24	25	26	27	28	29	30	31
代码		北京	天津	河北	山西	内蒙古	辽宁	吉林	黑龙江	上海	江苏	浙江	安徽	福建	江西	山东	河南	湖北	湖南	广东	广西	海南	重庆	四川	贵州	云南	西藏	陕西	甘肃	青海	宁夏	新疆
18	湖南	0	0	0	0	0	0	0	0	0	0	0	0	0	1	0	0	1	0	1	1	0	1	0	1	0	0	0	0	0	0	0
19	广东	0	0	0	0	0	0	0	0	0	0	0	0	1	1	0	0	0	1	0	1	1	0	0	0	0	0	0	0	0	0	0
20	广西	0	0	0	0	0	0	0	0	0	0	0	0	0	0	0	0	0	1	1	0	0	0	0	1	1	0	0	0	0	0	0
21	海南	0	0	0	0	0	0	0	0	0	0	0	0	0	0	0	0	0	0	1	0	0	0	0	0	0	0	0	0	0	0	0
22	重庆	0	0	0	0	0	0	0	0	0	0	0	0	0	0	0	0	1	1	0	0	0	0	1	1	0	0	1	0	0	0	0
23	四川	0	0	0	0	0	0	0	0	0	0	0	0	0	0	0	0	0	0	0	0	0	1	0	1	1	1	1	1	1	0	0
24	贵州	0	0	0	0	0	0	0	0	0	0	0	0	0	0	0	0	0	1	0	1	0	1	1	0	1	0	0	0	0	0	0
25	云南	0	0	0	0	0	0	0	0	0	0	0	0	0	0	0	0	0	0	0	1	0	0	1	1	0	1	0	0	0	0	0
26	西藏	0	0	0	0	0	0	0	0	0	0	0	0	0	0	0	0	0	0	0	0	0	0	1	0	1	0	0	0	1	0	1
27	陕西	0	0	0	1	1	0	0	0	0	0	0	0	0	0	0	1	1	0	0	0	0	1	1	0	0	0	0	1	0	1	0
28	甘肃	0	0	0	0	1	0	0	0	0	0	0	0	0	0	0	0	0	0	0	0	0	0	1	0	0	0	1	0	1	1	1
29	青海	0	0	0	0	0	0	0	0	0	0	0	0	0	0	0	0	0	0	0	0	0	0	1	0	0	1	0	1	0	0	1
30	宁夏	0	0	0	0	1	0	0	0	0	0	0	0	0	0	0	0	0	0	0	0	0	0	0	0	0	0	1	1	0	0	0
31	新疆	0	0	0	0	0	0	0	0	0	0	0	0	0	0	0	0	0	0	0	0	0	0	0	0	0	1	0	1	1	0	0

附表 10 数值

省份编号	邻居数量	邻居编号
8	2	7 5
5	8	30 27 4 3 28 6 7 8
31	3	28 29 26
7	3	8 6 5
6	3	3 5 7
28	6	23 29 30 27 5 31
3	7	16 6 15 2 4 1 5
1	2	2 3
4	4	16 27 3 5
2	2	3 1
27	8	22 17 23 16 30 4 5 28
30	3	27 5 28
29	4	23 26 28 31
15	4	10 3 12 16
26	4	25 23 29 31
16	6	17 12 15 27 3 4
10	4	9 12 11 15
12	6	14 11 15 17 10 16
23	7	25 22 24 27 28 29 26
17	6	14 18 22 12 27 16
22	5	27 17 24 18 23
9	2	10 11
11	5	9 10 12 13 14
18	6	19 14 17 20 24 22
14	6	18 12 11 13 19 17
25	4	23 26 20 24
24	5	20 18 22 23 25
13	3	11 14 19
20	4	19 24 18 25
19	5	18 20 13 14 21
21	1	19

参考文献

[1] Henderson J. Globalisation on the ground: global production networks, competition, regulation and economic development [J]. Centre on Regulation and Competition (CRC) Working dissertations, 2002.

[2] W. B. Arthur. Competing Technologies, Increasing Returns and Lock-in by Historical Event [J]. Economic Journal, 1989, 99 (394): 116-131.

[3] John Humphrey, Hubert Schmitz. How does insertion in global value chains affect upgrading in industrial clusters? [J]. Regional Studies, 2002, 36 (9): 1017-1027.

[4] A. G. Z. Hu, G. H. Jefferson, J. Qian. R&D and Technology Transfer: Firm-Level Evidence from Chinese Industry [J]. Review of Economics and Statistics, 2005, 87 (4): 780-786.

[5] C. Antonelli. Localized technological change and factor markets: Constraints and inducements to innovation [J]. Structural Change & Economic Dynamics, 2006, 17 (2): 224-247.

[6] Ngai L. Rachel and Christopher A. Pissarides. Structural Change in a Multi-sector Model of Growth [J]. American Economic Review, 2007, 97 (1): 429-443.

[7] A. Underthun, J. M. Hildrum, H. Svare. The restructuring of the old industrial region of Grenland in Norway: Between lock-in, adjustment and renewal

[J]. Norsk Geografisk Tidsskrift - Norwegian Journal of Geography, 2014, 68 (2): 121-132.

[8] R. W. Goldsmith. Financial structure and development [M]. Yale University Press, 1969.

[9] Vicente Galbis. Financial intermediation and economic growth in less-developed countries: A theoretical approach [J]. The Journal of Development Studies, 1977, 13 (2): 71-84.

[10] R. G. Rajan, L. Zingales. Financial Dependence and Growth [J]. Social Science Electronic Publishing, 1996, 88 (3): 559-586.

[11] Fisman R. and I. Love. Trade Credit, Financial Intermediary Development and Industry Growth [J]. Journal of Finance, 2003, 58 (1): 353-374.

[12] A. A. Antzoulatos, N. Apergis, C. Tsoumas. Financial Structure and Industrial Structure [J]. Bulletin of Economic Research, 2011, 63 (2): 109-139.

[13] Chalmers Johnson. Miti and the Japanese Miracle: The Growth of Industrial Policy, 1925~1975 [M]. Stanford University Press, 1982.

[14] Takatoshi Ito. The Japanese Economy [M]. Cambridge, Mass.: MIT Press, 1992.

[15] C. W. Park, K. S. Kwon, W. B. Kim. Energy consumption reduction technology in manufacturing—A selective review of policies, standards and research [J]. International Journal of Precision Engineering and Manufacturing, 2009, 10 (5): 151-173.

[16] Chiara Criscuolo, Ralf Martin, H. G. Overman. The Causal Effect of an Industrial Policy [J]. Social Science Electronic Publishing, 2012.

[17] Aghion Philippe, Dewatripont Mathias. Industrial Policy and Competition [J]. Social Science Electronic Publishing, 2015 (7): 1-54.

[18] 蓝庆新，田海峰．我国贸易结构变化与经济增长转型的实证分析及现状研究［J］．湖南工业大学学报，2002，16（2）：39-44.

[19] 王櫆伦．对外贸易与中国产业结构高度化进程实证研究［J］．技术经济，2006（2）：24-27.

[20] 马章良，顾国达．我国对外贸易与产业结构关系的实证研究［J］．对外经济贸易大学学报，2011（6）：17-25.

[21] 孙晓华，王昀．对外贸易结构带动了产业结构升级吗？——基于半对数模型和结构效应的实证检验［J］．世界经济研究，2013（1）：16-21.

[22] 薛继亮．人力资本、技术进步和产业转型的相互影响机理研究——基于尼尔森—菲尔普斯模型［J］．经济经纬，2015（1）：125-130.

[23] 史学贵，施洁．技术进步、对外贸易与产业结构转型——中国产业结构演进动力分析［J］．经济问题探索，2015（4）：63-69.

[24] 林春艳，孔凡超．中国产业结构高度化的空间关联效应分析——基于社会网络分析方法［J］．经济学家，2016（11）：45-53.

[25] 王楠．金融发展对中国城市化进程影响的实证分析［D］．吉林大学博士学位论文，2011.

[26] 周永涛，钱水土．金融发展、技术进步与对外贸易产业升级［J］．广东财经大学学报，2012（1）：44-55.

[27] 王立国，赵婉妤．我国金融发展与产业结构升级研究［J］．财经问题研究，2015（1）：22-29.

[28] 陈晨子，成长春．产业结构、城镇化与我国经济增长关系的 ECM 模型研究［J］．财经理论与实践，2012（6）：85-88.

[29] 蓝庆新，陈超凡．新型城镇化推动产业结构升级了吗？——基于中国省级面板数据的空间计量研究［J］．财经研究，2013（12）：57-71.

[30] 赵永平，徐盈之．新型城镇化、技术进步与产业结构升级——基

于分位数回归的实证研究［J］. 大连理工大学学报（社会科学版），2016（2）：56-64.

［31］C. M. Correa. Considerations on the Standard Material Transfer Agreement Under the FAO Treaty on Plant Genetic Resources for Food and Agriculture［J］. Journal of World Intellectual Property，2006，9（2）：137-165.

［32］Jalava Jukka，Pohjola Matti. ICT as a source of output and productivity growth in Finland［J］. Telecommunications Policy，2007，31（8-9）：463-472.

［33］M. S. Kim，Y. Park. The changing pattern of industrial technology linkage structure of Korea：Did the ICT industry play a role in the 1980s and 1990s?［J］. Technological Forecasting & Social Change，2009，76（5）：688-699.

［34］J. Rifkin. The third industrial revolution：How lateral power is transforming energy，the economy and the world［M］. Palgrave Macmillan，2011：12-18.

［35］刘虹涛，靖继鹏. 信息技术对传统产业结构影响分析［J］. 情报科学，2002（3）：333-336.

［36］杜传忠，马武强. 信息化与我国产业结构的跨越式升级［J］. 山东社会科学，2003（4）：68-70.

［37］周振华. 论信息化进程中的产业关联变化［J］. 产业经济研究，2004（2）：1-8.

［38］孙宇. 信息通信技术革命和产业组织的结构演化——走向后钱德勒时代的思考［J］. 管理世界，2008（6）：178-179.

［39］韩先锋，惠宁，宋文飞. 信息化能提高中国工业部门技术创新效率吗［J］. 中国工业经济，2014（12）：70-82.

［40］邵宇开，王浣尘，曾赛星. 我国信息化发展水平与经济增长的相关性分析［J］. 情报科学，2006（2）：172-174.

［41］陈玉宇，吴玉立. 信息化对劳动力市场的影响：个人电脑使用回

报率的估计［J］. 经济学（季刊），2008（4）：1149-1166.

［42］尹海洁. 信息化的发展与中国产业结构及劳动力结构的变迁［J］. 中国软科学，2002（6）：116-118.

［43］刘美平. 信息化是实现城乡产业结构升级的根本途径［J］. 经济纵横，2002（8）：17-19.

［44］吴坤. 以信息化促进农村剩余劳动力转移［J］. 调研世界，2009（12）：33-34.

［45］周振华. 论信息化中的产业融合类型［J］. 上海经济研究，2004（2）：11-17.

［46］谢康，李礼，谭艾婷. 信息化与工业化融合、技术效率与趋同［J］. 管理评论，2009（10）：3-12.

［47］陈石，陈晓红. "两化融合"与企业效益关系研究——基于所有制视角的门限回归分析［J］. 财经研究，2013（1）：103-111.

［48］郑英隆. 信息产业加速发展与产业结构升级的交互关系研究［J］. 经济评论，2001（1）：48-53.

［49］马健. 信息产业融合与产业结构升级［J］. 产业经济研究，2003（2）：37-42.

［50］朱春红. 信息产业发展与产业结构升级的关联性研究［J］. 经济与管理研究，2005（9）：67-69.

［51］田海峰. 信息产业发展与我国产业结构升级的关联分析［J］. 现代经济探讨，2003（6）：28-30.

［52］汪斌，余冬筠. 中国信息化的经济结构效应分析——基于计量模型的实证研究［J］. 中国工业经济，2004（7）：21-28.

［53］张敏，马泽昊. 信息化、产业结构与区域经济增长——基于中国省际面板数据的经验分析［J］. 财政研究，2013（8）：39-42.

[54] 赵昕，荼洪旺．信息化发展水平与产业结构变迁的相关性分析[J]．中国人口·资源与环境，2015（7）：84-88.

[55] 张文婷．信息化对中国产业结构调整作用分析［J］．技术经济与管理研究，2016（10）：109-113.

[56] D. Bell. The coming of post-industrial society：A venture in social forecasting［J］. Basic Books，1973，48（2）：286-288.

[57] G. J. Stigler. The Economics of Information［J］. Journal of Political Economy，1961，69（3）：213-213.

[58] Alvin Toffler. The Third Wave［M］. Bantam Books，1980.

[59] Kenneth Joseph Arrowr. The Economics of Information［M］. Belknap Press of Harvard University Press，1984.

[60] 伊藤阳一．日本信息化概念与研究历史［A］．李京文．信息化与经济发展［C］．北京：社会科学文献出版社，1994.

[61] 王亚平．我国信息化发展战略与对策建议［J］．经济研究参考资料，2002.

[62] 林毅夫，董先安．信息化、经济增长与社会转型［J］．国家信息化领导小组委托课题：长篇研究报告，2003-05-08.

[63] 李泊溪．信息化与工业化的基本含义［J］．中国信息界，2005（1）：16-18.

[64] 李京文．信息化与经济发展［M］．社会科学文献出版社，1994.

[65] 钟义信．信息与信息化［M］．中国经济出版社，1995.

[66] 汪向东．信息化：中国21世纪的选择［M］．社会科学文献出版社，1998.

[67] 乌家培．正确认识信息与知识及其相关问题的关系［J］．情报理论与实践，1999（1）：4-6.

[68] 郑建明，陈雅，王育红．社会信息化进程中的理论研究 [J]．情报科学，2000 (8)：673-677.

[69] 叶初升．"工业化、信息化与跨越式发展" 全国研讨会综述 [J]．经济学动态，2001 (10)：59-61.

[70] Louis Gerstner. Who Says Elephants Can't Dance? [M]. New York: Harper Collins, 2003.

[71] 周振华．工业化与信息化的互动与融合 [J]．机械设计与制造工程，2008 (2)：18-19.

[72] 童有好．信息化与工业化融合的内涵、层次和方向 [J]．信息技术与标准化，2008 (7)：4-6.

[73] 周子学．对工业化、信息化发展历史进程的几点认识 [J]．理论前沿，2009 (4)：8-10.

[74] 杨蕙馨，焦勇，陈庆江．两化融合与内生经济增长 [J]．经济管理，2016 (1)：1-9.

[75] J. S. Bain. International Differences in Industrial Structure [M]. Yale University Press, 1966.

[76] 丁宝山，任建平．产业经济学词典 [M]．北京：中国财政经济出版社，1991.

[77] 洪银兴．产业结构的平衡态和高度化 [J]．上海经济研究，1988 (2)：9-14.

[78] 李悦，李平．产业经济学 [M]．东北财经大学出版社，2002.

[79] 戴伯勋，沈宏达．现代产业经济学 [M]．经济管理出版社，2001.

[80] 金碚．中国工业的转型升级 [J]．中国工业经济，2011 (7)：5-14.

[81] 熊勇清，侯玲玲．传统产业转型升级促进政策的变迁及特征分

析——政策文本计量分析视角［J］. 软科学，2013（5）：32-36.

［82］戴丹. 产业转型升级的影响因素研究［D］. 广东省社会科学院，2014.

［83］马小强. 产业结构转型升级对就业结构及收入分配的影响研究［D］. 上海社会科学院，2016-02.

［84］威康·配第. 政治算术［M］. 北京：商务印书馆，1978.

［85］Colin Clark. The conditions of economic progress［M］. Macmillan Publisher，1951.

［86］西蒙·库兹涅茨. 各国的经济增长［M］. 北京：商务印书馆，2005.

［87］罗斯托. 经济增长的阶段［M］. 中国社会科学出版社，2001.

［88］罗斯托. 从起飞进入持续增长的经济学［M］. 四川人民出版社，1988.

［89］D. B. Yoffie. Competing in the Age of Digital Convergence［J］. California Management Review，1996，38（4）：31-53.

［90］B. R. Gaines. The learning curves underlying convergence［J］. Technological Forecasting & Social Change，1998，57（1-2）：7-34.

［91］Australian Government National Office for the Information Economy［EB/OL］. Convergence Report，Convergence Report. http：//www. noie. gov. au，2000.

［92］Malhotra A. Firm strategy in converging industries：An investigation of US commercial bank responses to US commercial-investment banking convergence［D］. Doctorial thesis of Maryland University，2001.

［93］植草益. 信息通讯业的产业融合［J］. 中国工业经济，2001（2）：24-27.

［94］周振华. 信息化与产业融［M］. 上海：上海三联书店，上海人民

出版社，2003.

［95］约瑟夫·熊彼特．经济发展概论［M］．北京：商务印书馆，1991.

［96］彼得·德鲁克．创新与企业家精神［M］．上海：上海人民出版社，2002.

［97］Z. J. Acs，D. B. Innovation and Technological Change［J］. Springer US，2003，1（1-2）：55-79.

［98］约瑟夫·熊彼特．经济发展理论［M］．北京：商务印书馆，1991.

［99］姜爱林．中国信息化发展的历史变迁［J］．图书馆学研究，2002（4）.

［100］Kahin Brian Y Wilson Ernest（eds）. National Information Infraestructure Initiatives：Vision and Policy Design［M］. Massachusets：MIT Press，1996.

［101］D. A. Aschauer. Is public expenditure productive?［J］. Journal of Monetary Economics，1989，23（2）：177-200.

［102］Fritz Machlup. The Production and Distribution of Knowledge in the United States［M］. Princeton University Press，1962.

［103］Marc U. Porat. The Information Economy：Definition and Measurement［M］. Washington，DC：U. S. Superintendent of Documents，1977.

［104］小松崎清介．高度信息化进展与企业经营［J］．经营信息科学．Vol12，1990（1）：57-73.

［105］International Telecommunications Union. The Meeting Report of G-7 ICT Ministers［R］. 1995.

［106］IDC. International Data Corporation Research Report［R］. 1996.

［107］靖继鹏．信息产业结构与测度方法比较研究［J］．情报科学，

1993（3）：7-17.

［108］贾怀京．信息化指数模型及1985～1994年我国信息化水平的测定［J］．情报学报，1997（6）：461-467.

［109］马忠庚．我国社会信息化指数的测算与分析［J］．情报理论与实践，1999（5）：340-344.

［110］钟义信．信息化理论基础［M］．北京：北京邮电大学出版社，2014.

［111］国家统计信息中心．中国各地区信息化水平测算与比较研究［J］．统计研究，2001（2）：3-11.

［112］信息产业部．国家信息化指标构成方案［R］．2001.

［113］国家统计局．中国信息化发展指数研究报告Ⅱ［R］．2014-05-06.

［114］修文群．区域信息化的测度与评价［J］．情报学报，2002（2）：197-208.

［115］张彬，李潇．中国信息化发展的区域比较研究［J］．中国信息化蓝皮书（2010）.

［116］茶洪旺等．中国区域信息化发展水平及其收敛性分析［J］．区域经济评论，2014（4）：91-97.

［117］Robert Solow. We'd Better Watch Out［J］. New York Times Book Review，1987（12）：36.

［118］国家信息中心．中国信息社会发展报告2016［R］．2016-05-15.

［119］World Economic Forum. The Global Information Technology Report 2015［R］. 2015-04-27.

［120］干春晖，郑若谷，余典范．中国产业结构变迁对经济增长和波动的影响［J］．经济研究，2011（5）：4-16.

［121］靳涛，陈嘉佳．转移支付能促进地区产业结构合理化吗？——基

于中国 1994~2011 年面板数据的检验［J］. 财经科学，2013（10）：79-89.

［122］吴敬琏．中国增长模式的抉择［M］. 上海：中国远东出版社，2006.

［123］刘伟，张辉．中国经济增长中的产业结构变迁和技术进步［J］. 经济研究，2008（11）：4-15.

［124］安苑，王珺．财政行为波动影响产业结构升级了吗？——基于产业技术复杂度的考察［J］. 管理世界，2012（9）：19-35.

［125］纪玉山，吴勇民．我国产业结构与经济增长关系之协整模型的建立与实现［J］. 当代经济研究，2006（6）：47-51.

［126］曾国平，王燕飞．中国金融发展与产业结构变迁［J］. 财贸经济，2007（8）：12-19.

［127］李逢春．对外直接投资的母国产业升级效应——来自中国省际面板的实证研究［J］. 国际贸易问题，2012（6）：124-134.

［128］John H. Moore. A measure of structure change in output［J］. The Review of Income and Wealth，1978，24（1）：105-118.

［129］刘志彪，安同良．中国产业结构演变与经济增长［J］. 南京社会科学，2002（1）：1-4.

［130］靖学青．上海产业升级测度及评析［J］. 上海经济研究，2008（6）：53-59.

［131］付凌晖．我国产业结构高级化与经济增长关系的实证研究［J］. 统计研究，2010（8）：79-81.

［132］D. Holtz-Eakin. Testing for Individual Effects in Autoregressive Models［J］. Journal of Econometrics，1988，39（3）：297-307.

［133］Michael R. M. Abrigo，I. Love. Estimation of panel vector autoregression in Stata［J］. Stata Journal，2016（16）：778-804.

[134] M. Arellano, S. Bond. Some Tests of Specification for Panel Data: Monte Carlo Evidence and an Application to Employment Equations [J]. Review of Economic Studies, 1991, 58 (2): 277-297.

[135] 赵改栋，赵花兰．产业—空间结构：区域经济增长的结构因素 [J]. 财经科学，2002 (2): 112-115.

[136] Anselin L. Spatial econometrics: Method and models [M]. Dordrecht: Kluwer Academic Publishers, 1988.

[137] Anselin L., J. Gallo and H. Jayet. Spatial panel econometrics. Berlin Heidelberg: Springer-Verlag, 2008.

[138] Blonigen B. A., R. Davies, R. Waddelh and T. Naughton. FDI in Space: Spatial Autoregressive Relationships in Foreign Direct Investment [J]. European Economic Review, 2007, 51 (5): 1303-1325.

[139] 殷林森，胡文伟，李湛．我国科技投入与产业经济增长的关联性研究 [J]. 中国软科学，2007 (11): 57-63.

[140] G. Michaels, F. Rauch, S. J. Redding. Urbanization and Structural Transformation [J]. Social Science Electronic Publishing, 2008, 127 (2): 535-586.

[141] J. Mazumdar. Do Static Gains from Trade Lead to Medium - Run Growth? [J]. Journal of Political Economy, 1996, 104 (Volume 104, Number 6): 1328-1337.

[142] 钟昌标．外贸对区域产业结构演进的效应 [J]. 数量经济技术经济研究，2000, 17 (10): 18-20.

[143] 茶洪旺，左鹏飞．信息化对中国产业结构升级影响分析——基于省级面板数据的空间计量研究 [J]. 经济评论，2017 (1): 80-89.

[144] 茶洪旺，左鹏飞．中国区域信息化发展水平态势研究——基于

动态多指标评价体系实证分析［J］. 财经科学，2016（9）：53-63.

［145］茶洪旺，左鹏飞．互联网资源对中国经济增长的影响研究——基于31个省级面板数据的实证检验［J］. 经济研究参考，2015（26）：48-55.

［146］茶洪旺，左鹏飞．新常态下经济增长动力：要凯恩斯还是熊彼特［J］. 生产力研究，2015（10）：1-6.